ELISABETH
SANDMANN

©   Elisabeth Sandmann Verlag GmbH, München

1. Auflage 2007

ISBN 978-3-938045-21-3

Alle Rechte vorbehalten

Texte   Elke Heidenreich

Moskau: Meike Schnitzler

Loch Ness: Tom Krausz

Fotografie   Tom Krausz

Redaktion   Eva Römer

Gestaltung   Kuni Taguchi

Herstellung   Karin Mayer, Peter Karg-Cordes

Lithografie   Christine Rühmer

Druck und Bindung   Zanardi Group, Padua

Besuchen Sie uns im Internet unter www.esverlag.de

ELKE HEIDENREICH & TOM KRAUSZ

Mit unseren Augen

Reisegeschichten

ELISABETH
SANDMANN

INHALT

MIT UNSEREN AUGEN
Vorwort von Elke Heidenreich

Begegnung mit einem Dichter:
Elke Heidenreich und Dylan Thomas
in Swansea / Wales

Heute sehen wir die Welt im Fernsehen. Und da rauscht sie dann auch an uns vorbei. Die Sinnlichkeit eines Fotos ist nicht zu unterschätzen, und der gedruckte, nachlesbare Text bleibt auch länger hängen als der routiniert gesprochene Ton der Fernsehreportage. Dennoch: Sie stirbt aus, die alte klassische Reportage! Bilder werden digital behandelt, verändert, aus dem Internet geholt, Texte werden auf die Bilder gesetzt, ohne dass oft ein Zusammenhang erkennbar ist. Dass ein Reporter und ein Fotograf gemeinsam reisen, über das reden, was sie sehen, gemeinsam und noch dazu mit Zeit und Ruhe einen Beitrag entwickeln – das ist selten geworden.

Der Fotograf Tom Krausz und ich haben solche Reisen gemacht, und wir haben diese Arbeit geliebt, immer. Wir waren in Neuseeland und Italien, im Libanon und in Österreich, in Schottland und Wales, in Russland und auf dem Opernfestival in Glyndebourne, und einer hat geschaut und geschrieben, und einer hat geschaut und fotografiert, und am Ende passte alles zusammen.

Die da miteinander reisen, müssen sich auf einer gemeinsamen Wellenlänge verstehen. Sie müssen ihr Handwerk verstehen. Sie brauchen jemanden, der sie losschickt, finanziert und unterstützt, und sie brauchen dann die Veröffentlichung ihrer Arbeit. Wir hatten dieses Glück oft, aber es ist nicht die Regel. Mitunter bestimmen danach Layouter in den Zeitschriften, welche Bilder genommen werden – und nicht immer sind das dann die, die auch wirklich den Text atmosphärisch unterstützen.

Geschrieben haben die Menschen immer schon – sogar in der Frühzeit auf Wände. Die Fotografie wurde in Frankreich im 19. Jahrhundert erfunden und hat seitdem unglaubliche Fortschritte gemacht. Dank der Elektronik kann jeder Reporter, jeder Reisende, sogar per Handy, über Tausende von Kilometern in wenigen Sekunden Bilder senden, beliebige Bilder, beliebig viele. Inflationär viele. Und doch geben diese Bilder nicht die Welt wieder, in der wir leben. Sie geben den Geschmack dessen wieder, der da ruckzuck fotografiert. Ein ausgebildeter Fotograf hat einen anderen Blick. Er umfasst die Gesamtheit von Himmel, Landschaft, Motiv, Geste. Er begreift den Augenblick. Er hält das Flüchtige fest und im Flüchtigen das Ewige. Dadurch bekommt ein Foto seinen Wert, es ruft endlose Emotionen und Assoziationen in uns hervor – und es bleibt. In der Fülle der Bilder, die uns überschwemmen, bleiben nur wenige. Das sind immer Bilder, die die Künstler des Sehens gemacht haben.

Wenn wir auf unseren Reisen waren, Tom Krausz mit seinen Fotoapparaten, ich mit meinen Notizbüchern, haben wir oft lange nicht geredet. Es wurden Bilder und Eindrücke gesammelt, und erst abends, beim gemeinsamen Essen und beim obligatorischen Wein, sprachen wir über das Erlebte, und es passte immer zusammen – was er sah, hatte ich auch notiert, schönstes Beispiel: Beirut. Ein Spaziergang durch die nach sechzehn Jahren Krieg nur mühsam und notdürftig reparierte Altstadt. Ein Schild an einem Haus: Chirurg. Über die Straße liefen von ungeduldigen Bewohnern selbst verlegte elektrische Drähte, im Hof ein Aggregat, Stromausfall war an der Tagesordnung. Wer möchte bei diesem Chirurgen im Hinterhof landen? Wir haben es beide gesehen und dokumentiert, unabhängig voneinander. – Man wächst zu einem Team zusammen, das sich blind aufeinander verlassen kann. Für uns waren

Eintrittskarten:
Nationalmuseum Beirut,
Kreml-Museum Moskau,
Mailänder Scala

oben: Venedig: Gondoliere auf dem Canal Grande
unten: Eine Gruppe Albatrosse, die uns in Neuseeland begeistert hat

diese Reisen und Reportagen ein einziges großes Glück, trotz aller Strapazen, trotz der Hitze in Beirut, der Kälte in Schottland, des schlechten Essens in Neuseeland, trotz der langen Flüge und der oft abenteuerlichen Übernachtungen am Ende der Welt. Man darf lernen, man darf die Welt sehen, Menschen treffen, die auf das Loch in ihrem Gesicht zeigen, wo einmal eine Nase war, und freundlich sagen: »Ja, Liebes, das ist Krebs, ich war Profigolfer, zwanzig Jahre im Freien, und wir haben doch hier in Neuseeland das riesige Ozonloch.« Plötzlich rückt alles nahe, man versteht. Das schönste Ergebnis aus all diesen Reisen ist eine tiefe, durch nichts mehr zu erschütternde Dankbarkeit für das eigene Leben und Erleben – eine Dankbarkeit, die Herz, Kopf und Seele füllt. Vielleicht kann dieses Buch etwas davon vermitteln.

Die Welt giert heute immer mehr nach Bildern, Neuigkeiten, Geschichten, und die Fotoreportage verkommt, verfällt, wird abgeschafft. Früher gab es lange Fotostrecken zu spannenden Geschichten in den Zeitschriften. Heute verkümmert vieles zum Häppchenjournalismus: Ein bisschen Text, ein briefmarkengroßes Bild dazu, das war's. Gerade mal ab und zu der *Stern* und natürlich *Geo* und *mare* leisten sich heute noch die Fotoreportage, aber das reicht nicht. Die tapfere *Brigitte* hält auch immer mit: Sie ist viel mehr als nur eine Zeitschrift für Mode und gutes Essen. Sie schickt ihre Mitarbeiter wirklich durch die Welt, um zu sehen, zu notieren, zu fotografieren, zu erzählen. Wir konnten davon schon oft profitieren, und mit diesem Band, der einige unserer Reisen dokumentiert, möchten wir uns dafür bedanken und möchten trotzdem zeigen, wie viel an MEHR möglich wäre: mehr Fotos vor allem. Die Texte unserer Reportagen sind beinahe unverändert übernommen, aber die Fotostrecken sind um all das erweitert, was eine Zeitschrift heute nicht mehr schafft, sei es aus Kosten- oder Platzgründen.

Aber vielleicht haben ja in Zukunft wieder mehr Zeitschriften Mut, Zeit, Geld, Vertrauen, Reporter und Fotografen auf ihre Mission zu schicken, unabhängig vom allzu schnellen Fernseh-Tagesgeschehen.

»Eine der Aufgaben der Fotografie besteht darin, die Mannigfaltigkeit der Welt zu erschließen und unsere Sinne dafür auszubilden. Es geht nicht darum, Ideale zu präsentieren. Es gibt kein Programm, außer Vielfalt und Interessantheit. Es gibt keine Wertungen, was natürlich in sich eine Wertung ist. Und die Mannigfaltigkeit selbst ist ein Ideal. Wir wollen heute wissen, dass es für jedes Dies auch ein Das gibt. Wir wollen eine Pluralität von Mustern.«

Susan Sontag

oben: Ponte Verdi in Parma über den Fluss Parma
unten: Die Kreml-Basilika in Moskau: Gold und Fresken im Überfluss

NEUSEELAND

Neuseeland und die Pinguine

Gleich die erste Reise war die weiteste: nach Neuseeland, zu den Pinguinen. Erst auf dem Flughafen Frankfurt lernten Tom und ich uns kennen und saßen dann für eine zweiunddreißigstündige Reise über Los Angeles und die Fidschi-Inseln, Auckland und Christchurch nebeneinander. Danach war alles klar: Das würde gut gehen mit uns. Wir fuhren mit dem Auto durch die neuseeländische Südinsel und mit einem Schiff noch weiter in Richtung kleiner Inseln in der Nähe der Antarktis, um die Pinguine aufzuspüren, die dort nicht in großen Kolonien, sondern als Einzelgänger an farnbewachsener Küste leben. Es war die schönste Reise meines Lebens.

Ein Pinguin kommt in der
Abenddämmerung aus dem Meer

Neuseeland – Aotearoa – das ist wirklich sehr, sehr weit weg, es ist das andere Ende der Welt, soweit eine Kugel ein Ende haben kann. Man ist zweiunddreißig Stunden unterwegs bis nach Christchurch auf der Südinsel. Zwei davon verbringt man auf dem Flughafen von Los Angeles in einem riesigen, unfreundlichen Raum, einer Art Lagerhalle. Hunderte von Menschen hocken auf dem Fußboden, müde, erschöpft, kein Fenster ist zu öffnen, Neonlicht flimmert, in drei Meter Höhe ist ein Fernseher angebracht, der Videos von Verbrecherjagden zeigt, in Überlautstärke wird geschossen, geflucht, geschrien. Man stellt sich nun schon Neuseeland als das Paradies vor.

Dazwischen liegt noch ein Stopp auf den Fidschi-Inseln – feuchtwarmes Klima, ein Verkaufsraum voller scheußlich bunter Dinge, hier

muss Jürgen von der Lippe seine kurzärmeligen, abartig gemusterten, grellfarbenen Hemden einkaufen, hier. Endlich weiß man auch das.

Und dann fliegen wir über den Pazifik, er ist mal grasgrün, mal türkisfarben, und ein erstes Gefühl von Glück, Ruhe, Schönheit macht sich bemerkbar, so zerschunden man sich inzwischen auch fühlt.

Auckland, Nordinsel – noch einmal umsteigen, denn Tom, der Fotograf und ich, die Chronistin, wir wollen nach Süden, zu den Pinguinen. Das Flugzeug von Auckland nach Christchurch fliegt niedrig. Wir sehen braune, trockene Berge, Schafherden, artige kleine Häuschen in artigen kleinen Siedlungen – was macht hier jemand, der anders denkt und anders leben will? Katherine Mansfield fällt mir ein, die neuseeländische Schriftstellerin, die vor der räumlichen und geistigen Enge floh und doch ihr ganzes Leben lang Heimweh hatte. Christchurch hat einen Fluss, der Avon heißt, und daran liegt natürlich ein Pub, der Shakespeare heißt, und alles ist irgendwie *very british*. Bis auf die Sprache – ich dachte, man spricht hier Englisch? Man spricht irgendetwas völlig Unverständliches. Zwei Dinge begleiten mich die ganze Zeit in Neuseeland: Dass ich kaum einen Satz verstehe und dass ich auch nicht ein einziges Mal, selbst im besten und teuersten Restaurant nicht, gut essen werde, und ich bin kein anspruchsvoller Esser. Ohne tägliches Picknick mit frischem Brot, gutem neuseeländischem Wein und Käse müsste man an Pampe und altem Bratfett ersticken.

Die Mouraki Boulders – für die Maori versteinerte Vorratskörbe

Auf dem Platz vor der Kathedrale von Christchurch predigt jeden Mittag der *Wizard*, ein älterer Mann, früher angeblich Universitätsprofessor, jetzt zum Kauz in selbst genähten Phantasiekleidern mit hohen spitzen Zauberhüten mutiert. Er stellt sich auf eine mitgebrachte Leiter und beginnt seine Schimpfkanonade: »Die Frauen sind an allem schuld!« Ich spitze die Ohren, denn das traut sich in dem Teil der Welt, in dem ich lebe, schon lange niemand mehr zu sagen. Diese Frauen! Immer eitel, immer verschwenderisch, das Geld hauen sie zum Fenster raus, und den ganzen Tag putzen sie, und die Männer sollen diesen Weibern endlich ihren Körper verweigern, bis sie zur Vernunft kommen und wieder umgänglich werden – »Let's punish them! Don't give them your body!« Männer und Frauen lachen und klatschen begeistert. Auf dem Weg zum Rückflug treffe ich den furiosen

Prediger zwei Wochen später noch einmal, diesmal schimpft er darauf, dass der Mensch jedes Maß und seine Mitte verloren hat. »The world will turn upside down! We must create a new center! We don't have an inner center!« – Er prophezeit dieser Welt den Big Bang, und da kommt er mir schon weniger kauzig und sehr vernünftig vor.

> *» Hier ist Janet Frame zur Schule gegangen.*
> *Die Dichtung hat ihr im wahrsten Sinne das Leben gerettet. «*

Mit einem froschgrünen Leihwagen gen Süden – endlos lange Straßen, immer am Meer entlang, wenig Verkehr, Possums huschen herum oder liegen platt gefahren auf der Straße. Es werden T-Shirts verkauft mit Tierbildern und Aufschriften: Kiwi: *Stop*. Schaf: *Go slowly*. Possum: *Give speed*. Die Possums sind eine Plage und werden gejagt, auch von den Autofahrern. In Geschäften sehe ich Handschuhe, Socken, Schals und Mützen aus Possumfell und einer Art Possumwolle.

Oamaru, vierzehntausend Einwohner, ein Opernhaus aus hellem Kalkstein, wie in einem Film von Werner Herzog. Gegenüber der Post: ein großes, herrliches Pinguindenkmal aus diesem weißen Stein, der die Stadt reich gemacht hat. Erste Verkehrsschilder warnen: *Penguins crossing!* Und am Abend sehen wir die *little blue penguins* aus dem Meer in ihre Kolonie zurückkommen, eine entsetzliche touristische Vorführung mit Flutlicht, Lärm und verstörten kleinen Tieren. Das ist nicht das, was wir suchen, und wir erfahren später, dass man diesen Strand *sacrifice beach* nennt, weil hier quasi die Pinguine den neugierigen Touristen geopfert werden, damit sie an anderen Stränden geschützt werden können und ihre Ruhe haben. Traurig und müde gehen wir um elf Uhr durch völlig menschenleere, dunkle, totenstille Straßen in unser rumpeliges Fünfzigerjahre-Hotel.

Oamaru gehört zum Waitaki District, hier ist Janet Frame zur Schule gegangen, die Frau mit dem roten Haarschopf, die man wegen Schizophrenie so lange in der Anstalt quälte, bis man endlich merkte, dass sie eine sensible und wundervolle Schriftstellerin war. Zwei ihrer Schwestern sind ertrunken, ihr Bruder starb an Epilepsie, die Dichtung hat ihr im wahrsten Sinne das Leben gerettet.

Die Kinder tragen hier Schuluniformen, die Pinguine, denke ich, tragen ja auch Uniform, das ist gut, es gibt keine Klassenunterschiede. Immer weiter Richtung Süden – am Strand die kugelrund gewaschenen Mouraki Boulders, in der Maorimythologie versteinerte Vorratskörbe, die über Bord gingen, als die Vorfahren mit ihren Kanus im Land der langen weißen Wolke, in Aotearoa – Neuseeland – landeten. Am Shag Point bläst der Wind, Seehunde und Seelöwen liegen auf den Felsen und sehen uns an mit ihren sanften Augen, ein Albino wird

Seehund im Glück

Yellow Eyed Penguin, im Gras statt im Eis

Startender Albatros

von den anderen gequält und nicht auf den Felsen gelassen, Kampf gegen Außenseiter hier wie überall.

Am Abend kommen wir nach Dunedin, dem »Edinburgh des Südens«. »Robben zum Frühstück, Albatrosse zum Mittagessen, Pinguine zum Abendessen«, schlägt unser *nature guide* Hildegard vor, aber es werden Pinguine zum Frühstück: Um fünf Uhr früh, es ist noch dunkel, fahren wir mit einem Landrover an einen entlegenen Küstenstreifen und wandern dann lange durch die stillen Dünen, nur der Pazifik rauscht, ab und zu schreit ein Nachtvogel. Als es dämmert, erscheinen

»Ich begreife, wie fragil die Natur ist, wie schön die Welt,
ich bin dankbar, dass ich ein Stück davon sehen darf.«

die *Yellow eyed penguins* – in der Maorisprache: die *Hoihois*, die *noise makers* – und watscheln ernsthaft, bedächtig, einzeln ins grüne Meer. Es gibt keine sechstausend Gelbaugenpinguine mehr, und von hier, aus Neuseeland, stammen sie und werden behütet, gezählt, geschützt, aber wer kann schon noch irgendwen oder irgendwas vor dem Tourismus schützen. Auch wir fühlen uns schuldig, obwohl wir uns stundenlang still im Sand eingraben, nur um zu beobachten, nicht, um zu stören.

Wie kleine Bürovorsteher schreiten diese aufrechten seltsamen Tiere in ihren eleganten Fräcken dahin, nur die Aktentasche fehlt, sie grüßen nach rechts und links, und dann kommt eine Welle, und schwupp sind sie verschwunden, bis sie in der Abenddämmerung zurückkommen, vollgefressen und mit Vorräten im Hals für ihre Jungen in den Felshöhlen. *Wenn* sie kommen, denn der Feinde sind viele, vor allem Fischer, in deren Netzen sich die Tiere verfangen, »neunzig waren es neulich«, erzählt unsere Naturführerin. Und sie werden dann einfach hochgezogen und getötet. Warum hat der Mensch, der doch so viel kann, nie begriffen, dass man das, was lebt, schützen und respektvoll behandeln muss? Ich bin hier glücklich, dennoch. Ich begreife, wie fragil die Natur ist, wie schön die Welt, ich bin dankbar, dass ich ein Stück davon sehen darf. Ein Pinguin steht ganz dicht vor mir, er hat einen scharfen Schnabel und Raubtieraugen, und es ist seltsam, ihn im grünen Dünengras stehen zu sehen – ich hatte mir Pinguine immer nur im Eis vorgestellt.

In Taiaroa ist eine Albatrosstation. Hinter dicken Glasscheiben kann man beim Brüten zusehen, ohne zu stören. In großen Nestern sitzen weiße Puschel und werden gefüttert, bis sie doppelt so dick sind wie ihre Eltern. Dann fliegen die Eltern weg, die Jungen bleiben allein, zehren vom eigenen Fett, wachsen, werden hungrig, ungeduldig, spannen die Flügel auf, riskieren von diesem hohen Felsen den ersten Flug. Der erste Versuch ist auch der letzte – entweder der Aufwind trägt sie hoch und übers Wasser, oder sie fallen herunter und zerschellen

oben:
Blick in einen Sound, eine Art Fjord
rechts oben:
Statt Wildwechsel – Pinguine
rechts unten:
Paradiesische Landschaften im Doubtful Sound

Delphin im Doubtful Sound

auf den Felsen. Kommt der Vogel in die Luft, fliegt er die nächsten drei, vier Jahre ununterbrochen um die Welt, er geht erst wieder an Land, um Eier zu legen und zu brüten. Albatrosse werden bis zu vierzig Jahre alt, und hier in Taiaroa gibt es eine Albatros-Grandma, die ist zweiundsechzig. In Dunedin läuten die Glocken, wenn Grandma im Frühjahr zurückkommt.

Wir fahren immer weiter südlich. Kaum noch Menschen, aber Millionen von Schafen, außerdem Strauße und Wild in Gehegen – gezüchtet für die Küche. Robben und dicke Seelöwen am Nugget Point, Pinguine am Kaka Point, Möwen, ein riesiger Vollmond und exotische Blumen – jetzt ist schon Regenwaldstimmung. Wir übernachten in den Catlins bei einem Mann namens Arch, groß, hager, an die siebzig, Nase weggefressen, Oberlippe nur noch halb. »It's cancer«, lacht er, es ist Krebs, er war fünfundzwanzig Jahre lang Profigolfer, und man hat doch hier – er zeigt nach oben – das Ozonloch, nicht wahr. Das Glück dieser abgeschiedenen Region zeigt Risse.

Wir fahren durch die Catlins und setzen mit einem Katamaran über nach Stewart Island. Hier wachsen die Farne zehn Meter hoch, Kakadus und grellbunte Sittiche kreischen, grüne Bellbirds machen einen Mordslärm, Tuis, schwarz mit ein paar grasgrünen Federn, legen die Köpfe schief und mustern uns, sind wir in Brasilien? Wir sind am südlichsten Punkt der Erde, an dem noch Menschen wohnen – dreihundert sind es auf Stewart Island, außer der Küstenlinie besteht die Insel aus Urwald. Seit 1925 darf hier kein Holz mehr geschlagen werden, es wuchert und wächst, lebt, wispert und flüstert um uns herum, und der Mond ist groß wie ein alter chinesischer Gong. Die Luft ist dick und schwül, wir schlafen unruhig, und am nächsten Morgen fahren wir mit einem Fischer noch weiter Richtung Süden, Richtung Südpol.

Das Meer so still, am Strand riesige grün schillernde Muscheln, Fische flitzen durchs Wasser, Albatrosse landen neben uns auf den Wellen und verdunkeln die Sonne, wenn sie ihre drei Meter weiten Flügel aufspannen. Mitten im Meer schwimmen sieben oder acht Pinguine, die kleinen Köpfe über Wasser, sie tauchen alle zusammen ab und kommen gleichzeitig wieder hoch, sie sind wohl auch unterwegs zum Südpol, eine Tante besuchen. Alles ist völlig unwirklich. Wir dümpeln vor Ulva Island, im Regenwald kreischen die Vögel, der seltsamste von ihnen, der langschnäbelige Kiwi, huscht hier nachts herum, und ich bin außerhalb der Welt, weiß nicht wo, weiß nicht warum, schwebe, schaue, rieche, höre, staune. Die Zeit steht still. Niemand in der Welt weiß jetzt, wo ich gerade bin, ich auch nicht.

Am nächsten Tag fahren wir nach Invercargill, wo in den Sechzigerjahren einmal die Rolling Stones gewesen sein sollen. Keith Richards wollte nachmittags um fünf sein Bett mitten auf der Hauptstraße aufstellen und dort im Freien schlafen, es kommt doch sowieso keiner, soll er gesagt haben. Es stimmt – in Invercargill ist nichts, aber auch gar nichts los. Die wenigen Autos fahren langsam aneinander vorbei, die Fahrer starren sich neugierig und erstaunt an – DU HIER? Aber immerhin: Hier hat die Southern Asthma Society ihren Sitz …

Jetzt fahren wir die Westküste hoch, kehren in seltsamen Bars ein, wo milchig grüne Drinks *Quick fuck* heißen, und fahren durch Wiesen, auf denen schwarz-weiße Kühe wie Pandabären aussehen. Am klaren See von Te Anau besichtigen wir die Glühwürmchengrotte und lassen uns den Lebenszyklus von Glühwürmchen erklären – es gibt wirklich Menschen, die dergleichen erforschen. Wir fahren nach Manapouri, und all diese Namen: *Te Anau, Manapouri, Oamaru* kommen aus der Maorisprache, bedeuten etwas, entstanden aus Legenden – und all diese Legenden haben mit Liebe und Verrat, Tränen, Treue und Tod zu tun. Anders als unsere blutrünstigen deutschen Heldensagen, in denen die Schwerter rasseln und Drachen getötet werden. Die Phantasie blüht hier so üppig wie die exotische Natur, seit Jahrhunderten. Die Schwestern Moturan und Koronae verirren sich im Wald so tief, dass sie sterben müssen, und ihre Tränen bilden den See Manawapouri …

Die Tränen zweier verirrter Schwestern wurden zum 444 Meter tiefen See Manawapouri

Bus vor den südlichen Alpen der Südinsel von Neuseeland

Schafauktion in der Nähe von
Invercargill

1770 kam Captain Cook über die Tasmanische See angesegelt, er
fuhr an dieser Westküste in einen blaugrünen Sund, der so tief und
verzweigt war, dass er bezweifelte, da je wieder herauszufinden – er
nannte ihn Doubtful Sound. Bunte Vögel, kohlkopfgroß, nisten am
Ufer, auf den Steinen liegt gelbgrünes Moos, das wegen seiner antisep-
tischen Qualitäten auf Wunden gelegt wird – auf einer Tafel wird dem
Moos für seine Hilfe gedankt. In einem kleinen Hafen, der tatsächlich
Pearl Harbour heißt, steigen wir um auf die Commander Peak, ein
großes, komfortables Schiff, und es beginnt eine abenteuerliche Reise
durch stille Meeresarme, in denen wir Delphine sehen, die das Schiff
begleiten, Pirouetten drehen, silbrig durch das tiefblaue Wasser gleiten.
Wir nähern uns nach Stunden dem offenen Meer, das Wasser wird wil-
der, auf dichten Felsen liegen dicke Seelöwen, die furchtlos in die Sonne blinzeln, als wir näher kommen. Zu Tausenden hat man sie der Pelze
wegen früher abgeschlachtet – in Neuseeland ist das seit 1946 schon
nicht mehr erlaubt, sie scheinen es zu wissen. Auf der Rückfahrt stellt
der Kapitän in einer der schönsten Buchten den Motor ab. Es ist ganz
still, kein Menschengeräusch ist zu hören, aber der Urwald rauscht,

und unzählige Vögel trillern, kreischen, schnattern, schlagen mit den großen bunten Flügeln. Es ist ein Moment von unfassbarer Schönheit.

Als das Schiff uns irgendwann am Abend wieder in Pearl Harbour absetzt, sagt der Kapitän, der uns den ganzen Tag begleitet und uns alles erklärt hat: »Wherever the future will take you, take care of yourself. May your days remain bright and happy, God bless you.« Wäre es in meinem schlecht gelaunten Land möglich, dass jemand solche liebevoll-poetischen Sätze zu fremden Menschen sagt?

»*Man dankt hier allem – dem Moos, dem Hund, dem Fremden für seinen Besuch.*«

Wir verlassen das Meer und leisten uns einen Ausflug zum Mount Cook, einem von Neuseelands vielen Dreitausendern. In den Tälern Obstfarmen, Kiwis, Aprikosen, Pflaumen, Pfirsiche, sogar eine Holunderwein-Kellerei, auf den schroffen Höhen eine Schafauktion. Tausende von dickfelligen Schafen laufen dösig und ängstlich blökend in riesigen Staubwolken im Kreis in den Pferchen herum, auf den Zäunen sitzen rotgesichtige Schafzüchter in Jeans und mit Lederhüten und Handys. Auf einem Hügel ein Bronzedenkmal, das den Hirtenhunden dankt, »without the help of which the grazing of this mountain country would be impossible«. Man dankt hier allem – dem Moos, dem Hund, dem Fremden für seinen Besuch.

Die Landschaft ist jetzt mal wie Mexiko, dann schroff wie die Pyrenäen, dann grün wie Schottland, nach jeder Wegbiegung ändert sich das Bild. Meist sieht es aus wie im Wilden Westen. Wir entwickeln einen Film, er wird *High Afternoon* heißen. Jürgen Prochnow reitet über die Hügel und wittert Ärger, er kommt in eine Stadt am Lake Tekapo, in der Rolf Becker Sheriff ist und sagt: »Diese Stadt ist zu klein für uns beide.« Hinter der Theke steht Lisa Fitz und wirft sich Prochnow an den Hals. Sie zeigt ihm den gemeinsamen kleinen Sohn, den er noch nie gesehen hat: Herbert Feuerstein. Aber Prochnow ist hier, um seinen Freund Bill Barnes (Claude-Oliver Rudolph) zu rächen, der ein Leben lang unschuldig im Knast sitzt. Doch Barnes will nicht raus, es gefällt ihm im Knast, er spielt da Karten mit Kalle Pohl, der immer unter den Tisch fällt. Gedreht in Cinemascope von Sandflies Productions. Werden wir allmählich verrückt vor lauter einsamer Monumentalität?

Am letzten Abend stürzen wir in einer schmuddeligen Bar in Timaru grenzenlos ab und haben jetzt schon Heimweh nach Neuseeland. Ich trinke etwas in Lila, das *Mr. Blobby* heißt, bestehend aus Peach, Parfait amour, Baileys und Cherry Advokat, und mir wird unbeschreiblich schlecht. – Das ist gut, so kann ich unauffällig weinen, als das Flugzeug abhebt – Abschied vom Paradies.

Februar 2000

Ein Jux: Elke im Pinguinkostüm am Strand

SCHOTTLAND

Das schöne, wilde Schottland

Schottland, sagte Tom auf einer unserer Reisen, das ist ein wildes Land, das möchte ich fotografieren. Macbeth, sagte ich, über den denke ich schon lange nach. Und wir konnten beide den Dolch-Monolog aufsagen. Wir stellten fest, dass uns »Macbeth« unter die Haut ging, die Brutalität der Mächtigen, die Frage, wer oder was Hexen sind, und ob der Mensch eine Chance hat, sein Leben selbst zu planen. Wir fuhren nach Schottland, und wir sind durch schöne, wilde Landschaften gewandert, haben die historischen Kampfschauplätze und Burgen aufgesucht. Tom hat seine Fotos gemacht, ich meine Notizen, und abends haben wir über Shakespeare geredet, diesen Dichter, der alle Tiefen und Schwächen der Menschen kannte wie niemand vor und niemand nach ihm. Unser Buch über Macbeth haben wir geschrieben und zusätzlich diesen kleinen Bericht für die Reisebeilage einer Tageszeitung.

rgendwie sind wir im Mai 2001 trotz aller Freude auf die Reise bangen Herzens nach Schottland aufgebrochen – wir hatten die Bilder brennender Tierberge aus dem Fernsehen nicht vergessen. Die Britischen Inseln sind heimgesucht von den Plagen, die wir kurz BSE und MKS nennen, aber es sind nicht nur die Britischen Inseln, und es ist nicht nur das, was wir da sehen: Die Zeichen sind eindeutig. Wir alle müssen unser Verhältnis zu den Tieren und zur Natur gründlich überdenken, müssen unsern Fleischkonsum einschränken, müssen endlich lernen, dass Tiere keine Sache sind und dass Natur sich nicht unbegrenzt manipulieren und ausbeuten lässt. Das ist kein britisches, das ist ein weltweites Problem. Darum wäre es auch töricht, nun ausgerechnet den britischen Fremdenverkehr für etwas büßen zu lassen, das wir alle mit

Ein kleiner namenloser See in der Nähe von Aviemore

eingebrockt haben. Schottland ist auch während und nach der Krise schön, und es schien uns fast, als hätten wir während dieser Reise im Frühjahr mehr Lämmer und Kälber gesehen als je zuvor – als würde die Natur doppelt und dreifach zulegen, um uns wiederzugeben, was wir verloren haben. Mögen wir lernen, anders damit umzugehen!

Es ist wunderbar, Tausende von Lämmern über die noch struppigen Wiesen tollen zu sehen, die Kälber liegen neben ihren Müttern in der Sonne, die schmalen Landstraßen zwingen immer wieder zum Anhalten, weil Fasanenfamilien mitten auf der Fahrbahn stehen, Moor-hühner gibt es wirklich und nicht nur im Internet, und zum ersten Mal habe ich auch Hirsche mit riesigen Geweihen in freier Wild-bahn gesehen. Nur Nessie, das Ungeheuer von Loch Ness, wollte sich

Turmansicht von Cawdor Castle, dem legendären Macbeth-Schloss im Dorf Cawdor bei Inverness

Loch Ness im Sturm

einfach nicht blicken lassen – aber ein geheimnisvoller Schatten war da, das kann ich beschwören!

Wir waren diesmal nur im Norden, in den Highlands, und das ist eine Landschaft von überwältigender Weite und Schönheit – Himmel, Wasser, Wiesen und trockene Heide: Wie muss es da erst leuchten, wenn diese unermesslichen Heideflächen blühen! Die teils eleganten, teils klotzigen Schlösser und Burgen lassen ahnen, was die Clans sich hier einst für Schlachten geliefert haben müssen um Ruhm, Ansehen, Titel, Land.

Wir waren auf den Spuren des legendären Macbeth unterwegs, den es ja nicht nur in Shakespeares Phantasie gegeben hat, und ich sah ihn geradezu im ruppigen Hinterland von Brodie Castle auf Macbeth's Hillock stehen und auf das Blutbad schauen, das er angerichtet hatte. Jetzt war er fast am Ziel seiner Träume, nur der König musste noch erschlagen werden – in Schottland wird Geschichte lebendig, und die Phantasie tut ihren Teil dazu. Im Park des Palastes von Scone, wo früher die Könige gekrönt wurden, laufen Pfauen herum, einer heißt Macbeth. Auf dem Boden von Scone soll Macbeth, der sich nach den Vorhersagen

Wald bei Invermoriston

der Hexen für unverwundbar hielt, verblutet sein. Die Bäume sind mit
Flechten überwuchert, sehen alt und düster aus, etwas Dramatisches
liegt über der Szene.

Die Landschaft ist männlich, hier gibt es nichts Liebliches, und die
vielen Dorffriedhöfe künden von früh verstorbenen Frauen und alt

»In Schottland wird Geschichte lebendig,
und die Phantasie tut ihren Teil dazu.«

gewordenen Männern. Hinter Forres auf einem uralten, halb verfal-
lenen Friedhof steht auf einem Grabstein: James Dean. Achtzig Jahre
ist er geworden – aber es war natürlich nicht *der* James Dean ... Man
heißt noch immer Mac – MacLeod, Mackenzie, MacDonald, sogar
Macbeth. Und natürlich kleidet man sich immer noch in Schottenrock
und Tartan, und jeder Clan trägt stolz sein eigenes Karo. Die Berge
zeigen braune Rücken wie große verzauberte Bären, zwei Schritte vom
Weg ab versinkt man nass im Moor, aber der Wind trocknet die Haut und
die Pflanzen aus. Die Luft ist klar, trocken, man muss abends in den

Flusssenke im Herbstlaub bei Spean Bridge

Verlassene Schäferruine bei
Inverlochie in den Highlands

Friedhof von Cawdor

Stuart Castle bei Inverness

Kneipen, die leider so früh schließen, tüchtig trinken, und wieder sind es Männer, die einsam und ein bisschen betrunken zu Livemusik tanzen. Das Ganze hat etwas Melancholisches, aber diese Melancholie ist nicht mild, sondern wild – jederzeit kann irgendetwas passieren, plötzlich schlägt das Wetter um, und der See wird schwarz.

Schottland ist aufregend, es ist lebendig, es verändert sich, während wir einen Wanderweg entlanggehen. Eine Kurve mehr, und plötzlich haben die Berge Schneekuppen. Eine lange stille Straße weiter, und aus dem Nichts taucht wieder ein Schloss auf, und im Park zeigt ein Falkner seine Eulen, Adler und Falken. Auf Schottland sollte man sich einfach

»Auf Schottland sollte man sich einfach einlassen, ohne allzu viel zu planen. Die nächste Überraschung ist immer gleich hinter der nächsten Ecke. «

einlassen, ohne allzu viel zu planen. Die nächste Überraschung ist immer gleich hinter der nächsten Ecke. Es ist völlig still, Hunderte von Hasen grasen auf einer Wiese, gerade will sich ein idyllisches Gefühl breitmachen, da heult wieder der Wind los, und die Rebhühner fliegen auf. Wenn man es nimmt, wie es kommt, kann man in Schottland sehr glücklich sein. Ein gutes Hotel sollte man allerdings schon einplanen, denn die vielen Eindrücke des Tages geistern nachts durch die Träume, und da muss das Bett tröstlich sein.

Das Hochmoor bei Lochindorb – ein bleifarbener See, eine Burgruine in seiner Mitte, kreischende Vögel, sonst: NICHTS. Geduldig wie ein schlafendes Tier liegt die Landschaft da, ist stärker als wir, löst alte Knoten in der Brust und lehrt uns die Ehrfurcht vor der Schönheit, die wir verloren oder zumindest vergessen haben. Man findet zu sich selbst zurück, die Landschaft ist hier größer als das dumme kleine Ich, und abends im Cawdor Inn verraten die Schrotkugeln im gerösteten Fasan, dass er da draußen geschossen wurde und aus keinem Käfig stammt. Die Hausfrau Carolyn Hoffe, so lese ich, hat sich mit ihren fünf Schafen im Wohnzimmer verbarrikadiert, bis MKS vorbei ist. Wo der Teppich lag, liegt Stroh, und wir hoffen, dass Mrs. Hoffe damit durchkommt. Wir sind auf der Arche Noah, alle. Es geht ums Überleben. Das schöne, wilde Schottland lehrt uns, dass sich das lohnt.

Mai 2001

»Unsere« Eule

WALES

Die Poesie von Wales

Hier waren wir oft und lange unterwegs auf den Spuren des walisischen Dichters Dylan Thomas — Reisen voller Poesie durch ruppige Gegenden, aber seine Gedichte hatten wir im Ohr, und in seinen Kneipen tranken wir manches Bier. An seinem Grab lasen wir ihm was vor und rauchten eine mit ihm. Wenn man hier reist, taucht man tief in seine Gedichte ein.

Im Wohnzimmer von Dylan Thomas

Ein paar Gedenkstätten, ein merkwürdiges Denkmal, ein paar vergilbte Fotos in verrotteten Kneipen, ein weißes Holzkreuz auf einem Friedhof in Laugharne – mehr haben wir eigentlich nicht gesehen, und doch war er überall ... Er war in der Melancholie der Landschaft und in den langen stillen Abenden am Meer, er war in den tristen Pubs und im Kreischen der Möwen, er war im Cwmdonkin Park seiner Kindheit, und er war in den Herzen der Menschen, die wir trafen und die sein Andenken hochhalten, seine Geschichten, seine Gedichte kennen. Es sind nur wenige, für andere, die ihn nur vom Hörensagen kennen, war er *just a village drunk*, nur ein Dorfsäufer.

Dylan Thomas, geboren 1914 und gestorben 1953, ist ein weltberühmter Unbekannter. Überall sind seine Spuren, aber nur Literatur-

enthusiasten kennen mehr von ihm als allenfalls das poetische Hörstück »Under Milk Wood«— »Unter dem Milchwald«.

Der junge Robert Allen Zimmerman las Gedichte von ihm, die ihn so begeisterten, dass er sich fortan Bob Dylan nannte. Einmal hat er unter einem Pseudonym eine Platte aufgenommen, weil er sonst aus dem Vertrag mit seiner Firma nicht herausgekommen wäre. Das Pseudonym war Robert

»Und doch war er überall …
Er war in der Melancholie der Landschaft
und in den langen stillen Abenden am Meer«

Milkwood Thomas. Viele seiner Songs gehen auf Dylan Thomas' Texte zurück, auch einer der schönsten: »Tangled up in blue«. »In the groin's endless coil a man is tangled«, schreibt Dylan Thomas über den ewig in die Probleme seiner Lenden verstrickten Mann, und »Like it was written in my soul from me to you: tangled up in blue«, singt Bob Dylan – »Als stände es tief in meiner Seele für dich geschrieben: Ich bin verstrickt in Traurigkeit.« Die schöne Waliserin Catherine Zeta-Jones hat ihren Sohn Dylan und ihre Produktionsfirma Milkwood genannt, Van Morrison und John Cale haben Songs nach Thomas' Texten komponiert, die Waliser Richard Burton und Anthony Hopkins haben seine Texte gesprochen, Mick Jagger plant sogar einen Film über Dylan Thomas, und Sir Paul McCartney hat gesagt: »We all used to like Dylan Thomas. I read him a lot. I think that John started writing because of him«, also: Auch die Rolling Stones und die Beatles wurden von ihm beeinflusst.

Castle Laugharne mit altem Ruderboot

Wir haben seine poetischen Wortkaskaden im Kopf, als wir in Cardiff landen. An der Küste entlang fahren wir nach Swansea, und manchmal ist es, als wären wir im Rosamunde-Pilcher-Land: grüne Hügel, schöne Landhäuser, nette kleine Orte; dann wieder fühle ich mich an das Ruhrgebiet meiner Kindheit erinnert – Industrieanlagen, schmutzige Städte, trostlose Arbeitersiedlungen, sogar einen Lastwagen mit Kohlensäcken habe ich seit Jahren mal wieder gesehen. Eine Kneipe ist dicht an der anderen, und Schilder sagen, was man tun soll: *Drink till late*, ja, was auch sonst.

45

In der Innenstadt von Swansea, Dylan Thomas' geliebter Heimatstadt, ein paar schöne alte Häuser, deren Dächer zerfallen und die unten entweder vernagelt sind oder Billigläden beherbergen. Er hat diese Stadt geliebt, »eine hässliche, liebenswerte Stadt«, und er hat

»Der Ball, den ich im Park beim Spielen warf, / fiel noch nicht zum Boden«

sie immer wieder beschrieben: »Diese Seestadt war meine Welt. Außerhalb ging ein fremdes Wales, kohlenzergraben, gebirgig, flussdurchlaufen und meines Wissens voll von Chören und Schafen und hohen Geschichtenbuchhüten, seinen Geschäften nach, die mich nichts angingen.« Als Kind spielte er im Cwmdonkin Park, der seine Phantasie so sehr beflügelt hat – »und der Park selbst war eine Welt in der Welt der Seestadt, ganz nahe bei dem Haus, wo ich wohnte; so nahe, dass ich an Sommerabenden im Bett die Stimmen anderer Kinder hören konnte, die auf der abfallenden, papierabfallbedeckten Böschung Ball spielten. Der Park war voll von Schrecken und voll von Schätzen«.

Innerlich hat sich Dylan Thomas nie von seiner Kindheit in dieser Stadt Swansea gelöst: »The ball I threw while playing in the park / has not yet reached the ground« – »Der Ball, den ich im Park beim Spielen warf, / fiel noch nicht zum Boden«, schreibt er wehmütig mit einundzwanzig Jahren, und eines seiner schönsten Gedichte, »Fern Hill«, variiert in langen Strophen die Erinnerung an die Zeit, »als ich jung war und leicht unter den Apfelzweigen«.

Er muss ein hochintelligentes Kind gewesen sein, ein früher Säufer, ein sinnlicher, ausschweifender Mensch, er war derb und düster und zugleich zart und voller Mitleid, er war immer wahrhaftig und selten ehrlich, er hatte zeit seines Lebens Schulden, nie genug Geld, er hat an beiden Enden gebrannt, war überströmend kreativ und sehr streng mit seiner Dichtung. Schlampig in allem anderen, unordentlich, unorganisiert (»seine Haare sahen wie ein Nest aus, aus dem der Vogel fortgeflogen ist« oder »er sah aus wie ein ungemachtes Bett« – das schrieben Freunde über ihn), war er doch ordentlich und gründlich mit den Worten, mit seiner Dichtung, an der er feilte und arbeitete, bis sie leuchtete. Amerika lag ihm bei seinen rhythmischen Lesungen zu Füßen, Amerika brachte ihn auch um – zu viele Reisen, zu viel Vereinnahmung, zu viele Partys, Affären, Lesungen, Hotels, zu viele Bars, zu viele Whiskys – achtzehn Whiskys vor einer Lesung waren es, die ihn am 5. November 1953 in ein vier Tage dauerndes Koma fallen ließen, aus dem er nicht mehr erwachte. Er hatte immer geahnt, dass er keine vierzig Jahre alt werden würde. Aber er wusste auch ohne jede Eitelkeit, dass er einer der bedeutendsten Lyriker seiner Zeit, aller Zeit war: »The name Dylan Thomas will echo from shore to shore.«

oben: Dylan Thomas bei einer Lesung
rechts oben: Das Grab von Dylan Thomas in Laugharne
rechts unten: Das Geburtshaus in Swansea

»Brown's Hotel« in Laugharne

Er hat recht behalten. Aber um ihn herum gibt es keine Dylan-Thomas-Andenken-Industrie, es gibt ihn nicht wie Goethe auf Kaffeetassen, nicht wie Mozart auf Schokoladenkugeln, nicht wie Bob Dylan auf T-Shirts. Es gibt ihn eigentlich gar nicht, nur in seinen Werken kann man ihn wirklich finden. Wenn man die hinreißenden frühen, autobiografischen Erzählungen mit dem Titel »Porträt des Künstlers als junger Hund« liest, dann wird die Landschaft lebendig, durch die wir gefahren sind, dann knistert die Stadt, dann leben die alten Kneipen wieder, dann sehen wir plötzlich die Menschen, die dort an den Tischen sitzen, mit seinen Augen, mit seinem Witz, seinem leisen Spott, seiner mitleidigen Wärme:

»Winzige, trockene, eierköpfige Dozenten, die nach Wasserbiskuit rochen, mit pingelierten Lippen und Puppenschleifen wie vergiftete und aufgespießte Schmetterlinge, lösten die Kreuzworträtsel hinter ihren achteckigen Brillen und schlürften ihren Kaffee aus. Torfumfranste kuhähnliche Mädchen in, möglicherweise, Sackleinen legten Bücher nieder, die sie nicht lesen konnten, und richteten ihre großen muhsüchtigen Augen auf die vorbeiziehende Landschaft, die sie nicht malen konnten.«

Fotos zeigen sein waches, sensibles Jungengesicht unter dichten, karamellfarbenen Locken. Es wird im Laufe seines so kurzen Lebens vom Alkohol aufgedunsen und dick, die hellen Augen rot unterlaufen. So, wie er als Bronzedenkmal im Hafen von Swansea sitzt, hat er nie ausgesehen, so stark und kräftig. Er war zart, als er ein junger Mann war – keine 1,60 Meter groß, fünfundvierzig Kilo wog er, als er seine Frau Caitlin, eine irische Tänzerin, kennenlernte. Sie heirateten erst im dritten Anlauf – zweimal hatten sie das Geld für das Aufgebot vertrunken. Die turbulente Ehe hielt sechzehn Jahre, bis zu seinem Tod; zwei Söhne und eine Tochter bekamen sie. Caitlin sagte einmal: »Ours was not a love story, it was a drink story.«

Später wurde Dylan Thomas vom vielen Trinken schwer und aufgeschwemmt, nannte sich selbst *a bombastic provincial bohemian*, aber er muss wohl ein Mensch mit einer unglaublichen Ausstrahlung von Leidenschaft, Wärme, Temperament gewesen sein, ein Mensch voller Angst, voller Liebe, umgeben von Frauen, die ihn anhimmelten. Wo immer er auftrat, um seine Verse zu lesen, waren die Säle brechend voll und die Erfolge riesig, Erfolge, die ihn nicht gelassener machten. Sein amerikanischer Biograf John Malcolm Brinnin schreibt nach einer erfolgreichen Lesung: »Mir wurde schlagartig klar, dass Dylan einsam war. Er war in eine Einsamkeit hineingeboren worden, die jenseits unseres Verstehens lag, die wir auch glauben, in Einsamkeit zu leben. Erfolg und Versagen, Dinge, an die wir uns halten können, sie bedeuteten für Dylan nichts.« Er war verführbar, von jeder Frau, jedem Whisky, jeder Ablenkung, aber er war unbeirrbar in seinen Texten, in

Die Originalausgabe
»Under Milk Wood« von 1954

Thomas' Arbeitszimmer im kleinen
Schuppen hoch am Hang

Das *Boat House*, Wohnhaus der Familie Thomas in Laugharne

Endlich ein Buchladen in Wales!

seiner Kunst, und er sagte unmissverständlich: »Es gibt nur eine Stellung für einen Künstler, ganz gleich wo: aufrecht.«

Wir fahren nach Laugharne, dem Vorbild für die Stadt »Unter dem Milchwald«. Hier hat Dylan Thomas mit Frau und Kindern im *Boat House* am Meer gewohnt, man kann seine Möbel dort noch stehen sehen. Hier hat er schon morgens im tristen »Brown's Hotel« getrunken, wo heute Fotos von ihm und Caitlin an den schmuddeligen Wänden hängen. War er hier glücklich? Wir fliehen die triste Bude und setzen uns gleich nebenan auf dem kleinen Friedhof mit Bier und Zigarette an sein Grab und lesen ihm vor, was er 1949 an seinen amerikanischen Verleger geschrieben hat:

»Ich wollte, ich könnte meinen Körper an reiche Witwen verkaufen, aber er ist inzwischen speckig und zittert ein wenig.«

»Ich will ausschließlich Gedichte schreiben, aber das geht nicht. Noch nie wollte ich es mehr. Aber meine Schulden erschlagen mich. Sie rauben mir den Schlaf. (…) Ich wollte, ich könnte meinen Körper an reiche Witwen verkaufen, aber er ist inzwischen speckig und zittert ein wenig. Es steht mir bis zum Hals, dass ich immer so verdammt und vollkommen pleite bin; alles wird dadurch madig gemacht. Ich will Gedichte bauen, die groß & stabil genug sind, damit Menschen darin herumlaufen & sitzen und essen & trinken und Liebe machen können. Heutzutage komme ich nur bis zum Gedichtgerüst, weil ich nie ungeplagt genug bin, Dächer und Wände hochzuziehen.«

Nicht weit vom *Boat House* ist ein kleiner Schuppen, eine Art Garage mit Fenster zum Meer – hier hat er geschrieben, ungestört von seiner Familie. Ein ärmliches Zimmerchen, und es sieht aus, als sei er gerade erst weggegangen – seine Jacke hängt über dem Stuhl, auf dem Boden zerknüllte Papiere und leere Bierflaschen, ein paar Bücher –, hier ist er stundenlang auf und ab gelaufen und hat Worte vor sich hingemurmelt. »Gemurmel, Gemurmel, Gemurmel – das ist alles, was du tust. Seit dem Tag, an dem du mich geheiratet hast, habe ich noch nicht ein Wort verstanden«, soll Caitlin geschimpft haben, aber sie versuchte ihn auch zu verstehen: »Dylan wusste, dass bei ihm plötzlich Worte hervorstieben würden, ohne dass er auch nur eine Vorstellung hatte, woher sie kamen«, schreibt sie in ihrem bewegenden Buch »Mein Leben mit Dylan Thomas«.

Sie hat ihn um einundvierzig Jahre überlebt, trotz all der Geburten, Fehlgeburten, Abtreibungen, bei denen er sie immer alleingelassen, trotz all der Saufgelage, bei denen sie fast immer mitgemacht hatte. Sie hat gelitten an ihm und hat ihn doch geliebt, und als er starb, musste man sie für kurze Zeit mit Zwangsjacke in die Psychiatrie einweisen, so hat sie getobt. Sie reiste per Schiff mit seinem Sarg von New York zurück

Strandpromenade in Mumbles, Swansea

55

Halbinsel The Worm vor Swansea, ein
beliebter Ausflugsort von Dylan Thomas

nach Wales, sie schlief im Frachtraum bei dem Toten, und »ich war ziemlich glücklich mit diesem kleinen Bett unten im Laderaum, und es wurde sogar noch besser, weil sich dort unten eine Gruppe von Seeleuten aufhielt, die auf Dylans Sarg Karten spielten, und ich dachte: ›Das hätte Dylan gemocht.‹«

Caitlin Thomas hat verstanden, dass er trank, um in den Rausch der Kreativität zu geraten, bis ihn das Trinken letztlich zerstörte. »Während unserer ganzen Ehe verbrachte er nicht einen einzigen Abend zu Hause, aber auch nicht einen.« Warum? »Mir gefiel der Geschmack von Bier, sein lebendiger, weißer Schaum, seine kupferhellen Tiefen, die plötzlichen Welten, die sich durch die nassen braunen Glaswände hindurch auftaten, das schräge Anfluten an die Lippen und das langsame Schlucken hinunter zum verlangenden Bauch, das Salz auf der Zunge, den Schaum im Mundwinkel.«

Ihm gefiel auch, endlos mit einfachen Leuten im Pub zu sitzen und zu schwatzen. Er nahm alles, was er hörte, in sich auf und verarbeitete es zu Poesie, wortgewaltig und kraftvoll. Schon mit elf Jahren schrieb er Gedichte, »um mir alles von der Seele zu schreiben, solange ich noch eine Seele habe«. »Wohin gehst du?«, soll ein Lehrer den Jungen gefragt haben, und er hat geantwortet: »Home to my poetry.«

Wir besuchen sein kleines, einfaches Elternhaus in den Uplands: No. 5 Cwmdonkin Drive. Hier wurde Dylan Marlais Thomas am 27. Oktober 1914 geboren, Sohn eines Lehrers und einer Bauerntochter. Gut informierte, freundliche Führer zeigen einem alles, was man sehen möchte. Nichts ist besonders hergerichtet, alles wirkt bescheiden, einfach, seine Wohnorte, seine Kneipen, sein Grab, in dem 1994 auch Caitlin beigesetzt wurde. Das Dylan Center in Swansea, von Expräsident Jimmy Carter 1995 eröffnet, bietet eine rührende Sammlung von Büchern, Fotos, Erinnerungsstücken und Tondokumenten. Aber alles bleibt seltsam klein und bescheiden, eine Angelegenheit für die echten Fans.

»Er nahm alles, was er hörte, in sich auf und verarbeitete es zu Poesie, wortgewaltig und kraftvoll.«

Dylan Thomas ist ein Dichter für Eingeweihte, und die werden von dem, was Wales zur Erinnerung an ihn anbietet, entzückt sein. Aber wirklich finden kann man ihn nur in seinen Texten. »Ein wirklich gutes Gedicht ist ein Beitrag zur Wirklichkeit. Die Welt ist nie mehr, was sie war, wenn man sie einmal um ein gutes Gedicht vermehrt hat.«

Als meine Mutter starb, schrieben wir ihr ein paar Zeilen von Dylan Thomas auf die Todesanzeige: »Geh nicht gelassen in die gute Nacht« – er schrieb dieses Gedicht für seinen Vater, der – ein Jahr vor dem Sohn – so klaglos aufgab, als der Tod kam, und er wünschte sich mehr Aufbegehren gegen das Verlöschen: »Rage, rage against the dying of the light«. Auch auf der Beerdigung von Richard Burton 1984 wurde dieses wunderbare Gedicht rezitiert, und Antonio Lobo Antunes gab einem Roman die erste Zeile als Titel: »Do not go gentle into this good night.«

Dylan Thomas hat gegen das Sterben des Lichts sein ganzes kurzes Leben lang angeschrieben, und, sagte seine Frau, »den Frieden, den er suchte, fand er nur, wenn er allein mit seiner Dichtung war«.

Sommer und Herbst 2003

Kleiner Bewässerungskanal durch die Wiesen von Pembrockshire

MOSKAU

Stadt der starken Frauen

Wir besuchten die wunderbare russische Schriftstellerin Ljudmila Ulitzkaja in ihrer Wohnung in Moskau, und sie zeigte uns ihr Viertel. Meike Schnitzler, Kulturredakteurin der *Brigitte*, spricht perfekt Russisch. Sie reiste mit, dokumentierte das Gespräch und half uns, uns in dem U-Bahn-Dschungel unter der Stadt nicht zu verirren. Es wurde viel Bier getrunken, und zwar vor allem ein Bier, in dem der Wodka gleich mit drin ist.

Lange, rasend schnelle Rolltreppen
führen in Moskaus Untergrund

Moskauer Wohnungen sind schwer zu finden. Oft muss man mehrere Hinterhöfe durchqueren, Gegensprechanlagen gibt es meist nicht, genauso wie Hausnummern – und alle Türen sind wie Safes mit Zahlencodes gesichert. »Bis ich erklärt habe, wie man reinkommt, bin ich schon da!«, sagt Ljudmila Ulitzkaja knapp am Telefon, und so verfährt sie mit Elke Heidenreich auf übliche Moskauer Art: Sie holt den Besuch aus Deutschland persönlich von der Metro ab.

Ein paar Minuten wird es noch dauern, und Elke ist ein wenig unruhig. Sie wartet an einer tosenden sechsspurigen Ausfahrtstraße, vor den abgestoßenen Türen der Metrostation *Aeroport*. Heiß ist es, und überall wehen kleine weiße Wattebäusche aus Pappelsamen sanft auf die staubige Großstadt, anscheinend kann Moskau auch im Sommer nicht auf Schnee verzichten.

Da taucht Ljudmila Ulitzkaja an der Straßenecke auf, mit energischen Schritten, und schon liegen sich die beiden Frauen in den Armen, und alles geht in einem Schwall mehrsprachiger Begeisterungsbekundungen unter. »Gut siehst du aus!«, ruft Elke und streicht Ljudmila über die kurz geschorenen grauen Haare.

»Ach was, ich bin todmüde«, entgegnet diese, »ich fühle mich vollkommen ausgebrannt.« – »Aber wieso denn? Du hast wieder so ein wundervolles Buch geschrieben, du solltest doch froh sein«, sagt Elke, während sie zügig in eine Seitenstraße einbiegen, dass der Pappelflaum nur so stiebt.

Die beiden kennen sich, seit Elke Heidenreich vor drei Jahren auf eine Einladung des Goethe-Instituts nach Moskau kam und die beiden Autorinnen in einem Studentenclub aus ihren Werken vorlasen. »Weißt du noch, nebenan war eine wilde Party«, erinnert sich Elke, »wir mussten die Lesung abbrechen, es war einfach zu laut.«

»Tolstoj, Tschechow, Mandelstam – hier merkt man, dass Ljudmila Ulitzkaja wie viele ihrer Romanhelden aus einer Familie stammt, die vor der Revolution zum gebildeten jüdischen Bürgertum gehörte.«

Nach einer Fahrt in einem bedrohlich klapprigen Fahrstuhl sperrt Ljudmila die eiserne Wohnungstür auf. »Wunderbar! Wie daheim!«, sagt Elke, und in der Tat kann man in Ljudmila Ulitzkajas gemütlicher Behausung kaum erahnen, dass man sich in einer Millionenmetropole befindet. Nur über den grünen Baumwipfel im Innenhof ragt von fern ein protziger neuer Hochhausbau, eine der vielen architektonischen Verirrungen, die Moskau aufzuweisen hat.

Die Dielen sind blitzblank, überall an den Wänden hängen Aquarelle von Ljudmilas Ehemann Andrej Krasulin, einem Künstler. In der offenen Küche setzt die Hausherrin Wasser für den Begrüßungstee auf, holt weiße Porzellantassen aus dem antiken Küchenbüfett. »Der ganze Wohnblock wurde als Schriftstellerkolonie erbaut«, erzählt Ljudmila, während sie Schalen mit selbst gebackenen Keksen und Mandeln auf den dunklen Holztisch stellt. »Damals bin ich hier eingezogen, weil ich mit dem Sohn eines sowjetischen Schriftstellers verheiratet war.« – »Und jetzt bist du die berühmteste von allen!«, ruft Elke dazwischen. Ljudmila lächelt: »Ich musste eben erst selbst zur Autorin werden, um das Recht zu erwerben, hier bleiben zu können.«

Elke wirft einen Blick in Ljudmilas Arbeitszimmer nebenan: »Herrlich!« entfährt es ihr, denn überall stehen Regale mit Büchern bis zur Decke. Tolstoj, Tschechow, Mandelstam – hier merkt man, dass Ljudmila Ulitzkaja wie viele ihrer Romanhelden aus einer Familie stammt, die vor der Revolution zum gebildeten jüdischen Bürgertum gehörte. Familien, die im Sozialismus ihre Zimmer in überfüllten Kommunalwohnungen mit Bücherbeständen teilten, die jeder Bibliothek Ehre gemacht hätten.

Es gibt auch ein Bord mit zahlreichen ausländischen Ausgaben von Ljudmilas Werken. In ungefähr zwanzig Sprachen sind sie über-

Ljudmila Ulitzkaja an
ihrem Schreibtisch

setzt worden, seit sie Mitte der Neunziger für ihren Erzählband Sonetschka« in Frankreich mit dem Prix Médicis ausgezeichnet wurde und innerhalb von zehn Jahren mit Büchern wie »Medea und ihre Kinder«, »Reise in den siebenten Himmel« und »Die Lügen der Frauen« zu einer der bekanntesten russischen Autorinnen avancierte.

Der Tee ist fertig, am Tisch überreicht Elke Ljudmila das Gastgeschenk: ein antikes Dominospiel. »Ich liebe alte Dinge«, sagt Ljudmila, und Elke strahlt darüber, dass sie instinktiv das Richtige ausgewählt hat. Das Telefon klingelt, Elke flachst: »Der Nobelpreis!« Das Telefon läutet noch viele Male an diesem Nachmittag: Eine Freundin braucht ein bestimmtes Buch auf Englisch für die Aufnahmeprüfung an der Universität, eine andere möchte noch im Krankenhaus besucht werden. Und Ljudmila verspricht vorbeizukommen.

Pflichtbewusstsein – ein Grundthema in Ljudmila Ulitzkajas Alltag und in ihren Büchern. Es taucht in ihrem neuen Roman »Ergebenst, euer Schurik« auf, nur vergisst der Held darin vor lauter Hilfsbereitschaft sein eigenes Leben und reibt sich zwischen unzähligen liebesbedürftigen Frauen auf.

»Ich habe viele bittere Rügen einstecken müssen für dieses Buch, gerade von Frauen«, sagt Ljudmila. »Ja, weil du zeigst, dass Frauen doch einen Mann brauchen«, entgegnet Elke, »nicht ständig, aber für Besorgungen, für Reparaturen und fürs Bett.« Und schon sind sie beim Thema: Passen Männer und Frauen wirklich zusammen?

»Ich glaube, dass Männer und Frauen einander nötig haben«, sagt Ljudmila diplomatisch und zündet sich eine Zigarette an. »Aber es ist so schwer, miteinander zu leben!«, sagt Elke mit fast komischer Verzweiflung. »Ich glaube, dass Frauen eigentlich viel stärker sind als Männer, du doch auch, das sehe ich in all deinen Büchern.« Russland sei eben ein Land der starken Frauen, erklärt Ljudmila. Seit über hundert Jahren befände es sich im Kriegszustand: Revolution, Weltkriege, der Tschetschenienkrieg – was die Psyche der Männer nicht gerade zum Vorteil verändert habe. »Die Frauen haben immer eine große Last des Lebens auf sich genommen. Hier gibt es mehr als überall sonst auf der Welt Frauen, die allein die ganze Familie versorgen.« – »Aber hin und wieder brauchen sie eben doch einen Schurik«, stellt Elke fest.

Schurik gab es tatsächlich, erzählt Ljudmila, ein Freund ihres Mannes, den sie über dreißig Jahre lang gekannt habe: »Ich hatte immer zwei sehr gegensätzliche Gefühle ihm gegenüber – ich habe ihn sehr geliebt und gleichzeitig sehr verabscheut. Immer, wenn er zu einer Geburtstagsfeier bei uns eingeladen war, ging er mit einer anderen einsamen Frau nach Hause.« Vor siebzehn Jahren habe sie das Motiv schon in einer Kurzgeschichte verwandt, »da ging es darum, dass der Held, ein vierzigjähriger Mann, mit einer Freundin seiner Mutter schläft, einer alten Frau.« – »Hast du nicht das Gefühl, dass Alter etwas ganz

Stillleben mit Teetasse

Berittene Wache auf dem Kreml-Gelände

Ljudmilas Arbeitszimmer

Gnadenloses ist?«, fragt Elke nach einer kurzen Pause. »Ich fühle mich wie vierzig und bin zweiundsechzig! Wo ist die Zeit geblieben?«

Ljudmila seufzt und erzählt ein Erlebnis, das sie an einer U-Bahn-Haltestelle hatte: »Als der Zug kam und die Tür aufging, trat ein wunderschöner Junge heraus, er war etwa sechzehn. Ich habe ihn ange-schaut und verstand, dass ich bereit war, mich in ihn zu verlieben – vor fünfzig Jahren!« – »Ich könnte weinen, wie du das sagst«, entgegnet Elke, »ich weiß, was du meinst. Es bricht mir das Herz. Aber gerade solche Gefühle beflügeln uns, Bücher zu schreiben.«

»Aber wir dürfen das. Wir sind erwachsene Frauen:
Immer verliebt, in unsere Arbeit, in das Leben –
nur äußerlich bröckeln wir ein bisschen.«

Die nachdenkliche Stimmung verfliegt wieder, als Ljudmila bemerkt, sie sei in letzter Zeit auch »ganz schön fett« geworden. Beide springen auf, um ihre Rundungen zu vergleichen, Elke ist fast einen ganzen Kopf größer als Ljudmila: »Okay, schau dir mal das an!«, sagt sie lachend und streckt den Bauch vor: »Aber wir dürfen das. Wir sind erwachsene Frauen: Immer verliebt, in unsere Arbeit, in das Leben – nur äußerlich bröckeln wir ein bisschen.«

Ljudmila möchte Elke etwas vom alten Zentrum Moskaus zeigen, die Gegend, in der auch »Schurik« spielt. Transportmittel ist wieder die Metro, denn Parkplätze sind rar in der Innenstadt. »Kein Pro-blem«, sagt Elke fast etwas erleichtert, Ljudmilas Fahrkünste hat sie nämlich schon bei ihrem letzten Moskau-Aufenthalt kennengelernt.

Außerdem liebt Elke die Moskauer Metro: Eine Station ist schöner als die andere, die meisten sind verschwenderisch mit Marmor, Kron-leuchtern und Skulpturen ausgestattet. Unterirdische »Paläste des Volkes«, die Stalin in Akkordarbeit in den Moskauer Untergrund treiben ließ. Aber die düstere Vergangenheit ist fern, und die beiden gleichaltrigen Frauen sind sich nah, sie stecken die Köpfe während der Fahrt zusammen und amüsieren sich über einen Mann, der den Unter-leib einer Schaufensterpuppe im Gepäck hat.

Am Puschkinplatz steigen sie aus. Hier, am Denkmal des größten russischen Dichters, trifft Schurik im Roman eine seiner Liebschaften, eine französische Touristin, eifersüchtig beobachtet von der psycho-pathischen Swetlana. Heutzutage hätte diese wohl Schwierigkeiten, das Paar zu erspähen, ein Dickicht von Bierbuden und Reklamewänden verstellt den Platz, und Puschkin blickt melancholisch zur größten McDonalds-Filiale Russlands hinüber.

Ljudmila strebt den Twerskoj Bulwar an, eine der wenigen alten Moskauer Straßen mit niedrigen Häusern, in der Mitte ein kränkelnder

oben: Altkommunisten machen eine Pro-Lenin-Demonstration am Kreml
links oben: Junge Paare auf dem Roten Platz
links unten: Junge Mädchen beim Shoppen

67

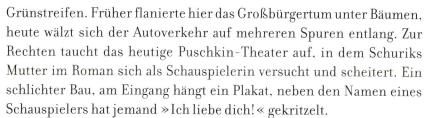

Grünstreifen. Früher flanierte hier das Großbürgertum unter Bäumen, heute wälzt sich der Autoverkehr auf mehreren Spuren entlang. Zur Rechten taucht das heutige Puschkin-Theater auf, in dem Schuriks Mutter im Roman sich als Schauspielerin versucht und scheitert. Ein schlichter Bau, am Eingang hängt ein Plakat, neben den Namen eines Schauspielers hat jemand »Ich liebe dich!« gekritzelt.

»Stalin hat das Theater damals zugemacht. Man sagt, dies sei ein verfluchter Ort, alle Theater, die danach hier eröffnet wurden, waren erfolglos«, erzählt Ljudmila. »In Moskau gibt es viele solcher verfluchten Orte, die Macht war immer gegen die Kultur.« – »Das zeigt uns nur, wie wichtig die Kultur ist«, sagt Elke. »Sonst hätten die Mächtigen nicht so viel Angst vor dem Wort. In allem Elend ist es doch eine positive Aussage.«

Ganz so positiv kann es Ljudmila wohl doch nicht sehen, denn das politische Klima in Russland verschärft sich wieder. Was ihr ganz besonders Sorgen mache, sei die Art, mit der die Feiern zum sechzigjährigen Kriegsende begangen wurden: »Es wird gerade versucht, die nationalistische Ideologie in den Köpfen der Menschen wieder zurückzudrehen, selbst den alten Stalin inszenieren sie wieder als Heldengestalt.« – »Dieser Mörder«, sagt Elke, »den sollten sie wirklich mal in drei Teile hacken!«

Der Weg führt weiter, am Literaturinstitut vorbei, hinunter zum Platz Nikitskije Worota. Dort steht eine kleine weiße Kirche, davor ein kitschiges neues Denkmal von Alexander Puschkin nebst Ehefrau Natalja, denn angeblich haben sie sich hier 1831 das Jawort gegeben. Keine glückliche Verbindung für Puschkin, der im Duell mit einem Nebenbuhler im Alter von achtunddreißig Jahren tödlich verwundet wurde. – War die schöne Natalja schuld am Tod ihres Gatten? »Na ja«, sagt Ljudmila, »er hatte eine hitzige Natur und sich ständig duelliert.« – »Männer!«, sagt Elke. Und überhaupt sei es doch typisch für dieses Land, dass sich sein größter Dichter aus Eifersucht über den Haufen schießen ließ. In der Geschichte Russlands wurde ständig exzessiv geliebt, gelebt, gelitten und gestorben – und es waren immer die Frauen, die dafür sorgen mussten, dass das Leben irgendwie weiterging. Natalja jedenfalls heiratete nach dem Tod ihres genialen Dichtergatten einen Gardeoffizier, was zwar unromantisch, dafür aber wirtschaftlich pragmatisch war.

Elke und Ljudmila biegen in die Malaja Nikitskaja Ulitza ein, einst eine vornehme Wohngegend mit Häusern, die mit ihrem weißen Stuck an Sahnetörtchen erinnern. In einer prächtigen Jugendstilvilla verbrachte Maxim Gorki seine letzten Tage, das Haus ist jetzt ein Museum, wo man Bett, Bücher und Brille des Schriftstellers bewundern kann. Ljudmila war hier schon als Kind mit ihren Großeltern. Aber diese letzten Reste des alten Moskau sind bedroht, denn seit der Wende herrsche

oben: Moderne Werbetafeln im Zentrum der Stadt
rechts oben: Zwiebeltürme auf dem Terempalast, Kreml
rechts unten: Jugendstil-U-Bahn, früher auch »Palast des Volkes« genannt

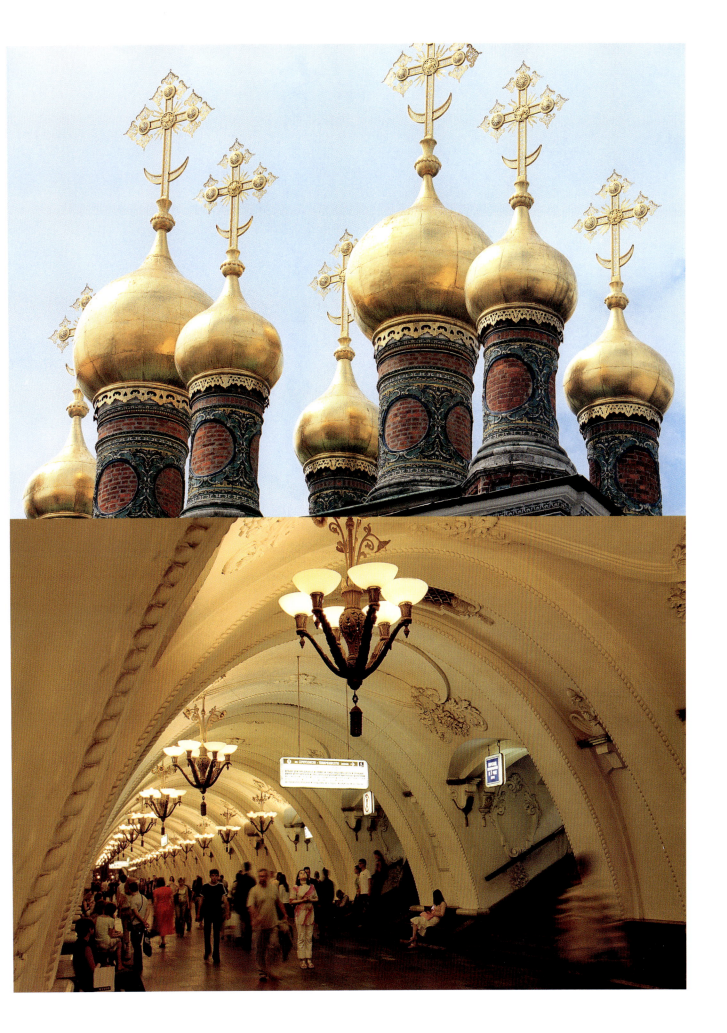

Spontanes Tänzchen vor dem Bolschoitheater

Seitenstraße am Roten Platz:
Coca-Cola, Taxi, Adidas...

der Abrisswahn, berichtet Ljudmila. Denkmalschutz gäbe es zwar auf dem Papier, aber immer wieder brennen rein zufällig historische Bauten nieder – die dann wieder eher schlecht als recht in Beton rekonstruiert werden, mit Tiefgarage natürlich. Ljudmilas Herz hängt am alten Moskau – zwar wurden zur Sowjetzeit riesige Schneisen in die Stadt geschlagen, aber manche Ecken wie diese dämmerten unbeachtet vor sich hin. Das ist die Welt, in der Schurik im Roman aufwächst – in der Zeit, als hier noch keine neureichen Russen lebten, die heute hinter alten Fassaden Luxuswohnungen einrichten.

> *»Und schon ist die kleine Ljudmila Ulitzkaja in der Menge verschwunden: eine große Autorin, und doch nur eine von vielen starken Frauen, die dieses Land am Laufen halten.«*

»Es ist ein Buch, das dieser Zeit gewidmet ist, ein nostalgisches Buch«, erklärt Ljudmila. – »Alle deine Bücher sind nostalgisch, meine Liebe«, sagt Elke, und Ljudmila entgegnet: »Ich glaube, es ist ein Weg, das Leben zu erhalten, wenn man die Vergangenheit liebt.«

Langsam zeigen die Hitze und die Flut der Eindrücke ihre Wirkung, und der emsige Austausch von Worten weicht einem stummen Einklang zwischen den beiden Frauen. Nach einem kurzen Abstecher in ein Antiquitätengeschäft, bei dem Elke eine kleine Porzellangruppe mit drei russischen Musikanten ersteht (»Ich werde sie Iwan, Nikolaj und Maxim nennen!«), endet der Ausflug in einer Buchhandlung am Nikitskij Bulwar.

Elke sucht nach Postkarten russischer Autoren: »Ich habe zwar meine Bücher alphabetisch geordnet, aber pinne Bilder von Autoren an mein Bücherregal, wo ihre Werke stehen, dann kann ich sie auch ohne Brille finden.« Ljudmila ist beeindruckt: »Du ordnest deine Bücher nach dem Alphabet? Bei mir stehen sie alle durcheinander. Du bist eben Deutsche, ich bin Jüdin.«

An einer Kreuzung verabschieden sich die beiden. Eine feste Umarmung, ein Kuss, sie flüstern sich etwas ins Ohr. Es ist ihr ganz privater Moment, inmitten des chaotischen Moskauer Feierabendverkehrs und der Menschenmassen, die nach Hause drängeln. Und schon ist die kleine Ljudmila Ulitzkaja in der Menge verschwunden: eine große Autorin, und doch nur eine von vielen starken Frauen, die dieses Land am Laufen halten.

Text: Meike Schnitzler, Juni 2005

Zwei Freundinnen, die Bücher lieben

BEIRUT

Schlaflos in Beirut

Ich war 2003 zu zwei Buchmessen nach Beirut eingeladen worden – einer französischen und einer arabischen. Tom fuhr mit, weil wir die Gelegenheit nutzen wollten, uns diese Stadt nach ihrem langen Bürgerkrieg anzusehen. Inzwischen detonieren dort schon wieder die Bomben, und ein neuer kurzer Krieg hat das, was wir an Wiederaufbau sahen, teilweise erneut zerstört.

Kriegsschäden im moslemischen Viertel

Warum fliege ich ausgerechnet in den krisengeschüttelten Nahen Osten? Weil das Goethe-Institut mich nach Beirut eingeladen hat – mein Pinguinbuch »Am Südpol, denkt man, ist es heiß« hat im Libanon einen von Schülern verliehenen Preis bekommen, den soll ich abholen, und wenn ich schon mal da bin, soll ich zwei Buchmessen besuchen – eine arabische und eine französische, soll vorlesen, diskutieren, die deutsche Literatur vertreten. Also: Ich sitze eines Nachts tatsächlich im Flugzeug nach Beirut, und ich sitze neben einem libanesischen Arzt. »Ich liebe mein Land«, sagt er strahlend. Und ich überlege, ob ich das je einen Deutschen habe sagen hören? Ich glaube nicht. Doktor Maroun versucht, mir den verworrenen Nahostkonflikt und den Libanonkrieg zu erklären. Von 1975

bis 1990 dauerte dieser Bürgerkrieg, in dem Hunderttausende starben, verschwanden, das Land verließen. Heute, sagt Dr. Maroun, leben immer noch elf Millionen Libanesen im Ausland und nur dreieinhalb Millionen im Libanon. Daran ist der Krieg schuld. Die materiellen Schäden, die er angerichtet hat, sollen bei zwanzig Milliarden Dollar liegen.

» Hier gibt es nur eine einzige Regel:
dass es keine Regel gibt. «

Ich weiß, wie ein Land nach einem Krieg aussieht, ich habe es als Kind in Essen selbst erlebt, 1949, als ich eingeschult wurde und als die Schule und die Wohnhäuser zerschossen, die Straßen voller Ruinen waren. Ich mache mich auf einiges gefasst, aber auf der ersten Fahrt durch die warme Nacht zum Hotel im christlichen Stadtteil Mar Mikhael sehe ich keine Trümmer. Das soll sich in den nächsten Tagen noch gewaltig ändern, aber der erste Eindruck ist: Lärm, Wärme, Leben, der Duft von Minze und Thymian.

Das Taxi ist dieselbe Touristenfalle wie anscheinend weltweit überall, aber irgendwann kommen wir irgendwie an. Vor dem Hotel, mitten in der Nacht: donnernd ein Presslufthammer. Morgens, mittags, abends, nachts: Presslufthammer. Man baut auf, in Vierundzwanzig-Stunden-Schichten, sieben Tage die Woche. Die Stadt schläft nicht, im Gegenteil, es ist Ramadan, und abends geht es erst richtig los. In der nächsten Woche lerne ich, überall in Schlaf zu fallen, wo es gerade möglich ist:

Gewürze am Straßenrand

Bei der abendlichen Wasserpfeife döse ich weg, auf den beiden Buchmessen zwischen den Lesungen, ich schlafe im Taxi zur berühmten Buchhandlung Antoine in Hamra ein, ich hole mir den Schlaf, wo ich ihn gerade kriegen kann.

»Sie sind das erste Mal im Orient?«, fragt mich auf der französischen Buchmesse spöttisch die schöne kluge Claire Bretécher, die französische Karikaturistin. Ich nicke erschöpft, und sie grinst: »Na dann, durchhalten!« – Ich halte durch, aber es ist hart. Die Eindrücke sind zu stark, der Krach ist zu laut, das Tempo ist mörderisch in dieser Stadt. Wenn man nicht in sich selbst ruht, ruht man hier nirgends, gegen Beirut ist New York ein Ort friedlicher Stille und überschaubarer Regeln. Hier gibt es nur eine einzige Regel: dass es keine Regel gibt.

Verkehrspolizist auf der Kreuzung? Macht wohl Gymnastik, einfach weiterfahren. Einbahnstraße? Pah. Es wird ununterbrochen gehupt: Achtung, ich komme euch hier entgegen. Das muss genügen. Es gibt keine Fahrschulen, die Eltern schenken den Kindern den Führerschein irgendwann zum Geburtstag, und man fährt los, irgendwie. Rote Ampel? Wer hält, wird wütend angehupt, und hinten fährt sofort jemand auf. Kein Auto ohne Dellen, rechts wird überholt, auf der Schnellstraße einfach gewendet, wenn man etwas vergessen hat, und aus den offenen Autofenstern fliegen die Mülltüten, denn eine geregelte Müllabfuhr funktioniert außer in der touristischen Innenstadt nicht, genauso wenig, wie es etwa eine Postzustellung gibt.

Es ist babylonisches Chaos, und ich kann nicht fassen, dass doch alles irgendwie klappt. Eigentlich gibt es keine Kanalisation – aber immer wieder fließt tatsächlich warmes Wasser im Hotel, dafür platzt eines Tages die schöne weiße Marmortreppe draußen auf, und es quillt buchstäblich die Scheiße heraus, Rohrbruch! Na und? Das Leben geht weiter, und Scheiße versickert irgendwo.

Es gibt keine zuverlässig funktionierende Elektrizität, na und, man spannt selbst ein paar Drähte kreuz und quer, hat ein Aggregat im Hof, und wenn es finster wird, springt das – natürlich mit Krach – an.

Ich erwandere und erfahre mir die Stadt. Sie zerfällt in drei Teile: den inneren Kern und die Stadtteile Ost- und Westbeirut. Der Kern war total zerstört, das, was man einst das Paris des Nahen Ostens nannte, gibt es nicht mehr. Aber man baut wieder auf, nein: Man rekonstruiert. Die alten Bauten werden originalgetreu hochgezogen auf dieser größten Baustelle des Nahen Ostens, und es fehlt ihnen jedes Flair, jedes Leben. Reich und klotzig wachsen die ockergelben Gebäude mit schönen Fassaden im Stil des neunzehnten Jahrhunderts in die Höhe, unten drin teure Läden mit Mode-Schnickschnack, den niemand braucht, oben gähnend leere Fenster zu Wohnungen, die niemand bezahlen kann. Die Innenstadt wirkt wie eine schöne, gespenstisch leere Theaterkulisse. Charme und Tradition sind dahin, die Architekten zerstören fast noch mehr, als der Krieg zerstört hat. Einer der reichsten Männer der Welt, Rafiq al-Hariri, milliardenschwerer Bauunternehmer, ist Premierminister dieses Landes. Er baut auf. Er hat die ganze Innenstadt quasi enteignet und den Wiederaufbau der Aktiengesellschaft Solidère unterstellt. Man macht die Fehler, die auch bei uns nach dem Krieg gemacht wurden: Innenstädte, in denen niemand wohnt, Fußgängerzonen, Protzgeschäfte. Das wird lange dauern, bis hier tagsüber wieder Leben einzieht. Abends ist mehr los – die teuren Restaurants, Bars, Cafés sind gut besucht. In den Discos und in gleich zwei Hard Rock Cafés soll der Bär los sein, aber nach »Bär los« war mir nicht zumute in dieser anstrengenden Woche. Ein zerstörtes Kino steht zerschossen als Mahnmal in der toten Pracht der Innenstadt, neue

oben: Orientalische Pantöffelchen
rechts oben: Der Chirurg agiert im Hinterhof
rechts unten: Man lebt hier irgendwie – zur Not im Zelt

78

»Und neues Leben blüht aus den Ruinen…« (Schiller, »Wilhelm Tell«)

Beiruts Corniche

Moscheen wachsen direkt neben katholischen Kathedralen, und bei
Sonnenuntergang rufen fünf Muezzine um die Wette.

Außer der künstlichen Innenstadt gibt es das christliche Ost- und
das muslimische Westbeirut. Der Krieg war nicht in erster Linie ein
Glaubenskrieg. Man sagt, siebzehn Religionen leben im Libanon mehr
oder weniger friedlich nebeneinander wie die Sprachen Arabisch, Englisch, Französisch. Es gibt – noch? – keinen Fundamentalismus, aber
gelegentliche Reibereien zwischen Drusen, Christen, Moslems. Der
Staatspräsident Emile Lahoud ist maronitischer Christ, Premierminister Hariri sunnitischer und Parlamentspräsident Nabih Berri
schiitischer Moslem. Es war ein Krieg um Macht, ein Krieg auch der
Syrer im Libanon, die 1976 eindrangen, um die bedrängten Christen in
der Bekaa-Ebene zu schützen, aber in Wirklichkeit war es ihnen wohl
um Einfluss im Land gegangen, und sie sind geblieben. Und auch, wenn
die *green line*, die den moslemischen vom christlichen Teil während des
Krieges trennte, unsichtbar ist – es gibt sie noch. Im christlichen Osten
ist auch Durcheinander und Chaos, aber die Häuser sind bewohnbar.
Das Schlimmste ist aufgeräumt. Die Dächer sind geflickt, auch wenn die

Wände noch Einschusslöcher haben. Im moslemischen Westen gibt es zwar einige protzige Viertel, aber viele Menschen leben hier noch wirklich in Ruinen. Halbe Häuser, das Dach kaputt, die Balkone ohne Geländer, kein Strom, kein Wasser – aber oben hängt Wäsche zum Trocknen. Die Straßen voller Abfall, Katzen, Ratten, Kakerlaken, und trotzdem ein unbändiges, bewegtes Leben. Und alle Menschen sind freundlich, miteinander, mit uns. Gespenstisch freundlich mit uns: »Ihr seid Deutsche? Oh wie schön, aus Almania, kommt herein, mein Haus ist euer Haus, Hitler war ein guter Mann! Er hat sechs Millionen Juden umgebracht, ach, warum nicht alle!« – Was soll man, zutiefst erschrocken, dazu sagen? Kinder kommen, fragen: »Hast du Hitler gekannt? Ein guter Mann!« – So viele Religionen gibt es im Libanon, aber diese eine, die jüdische: Nein, die tolerieren sie nicht, wegen der israelischen Politik.

»Ja, es wird neu aufgeforstet, aber bis eine Zeder ersten Samen trägt, vergehen vierzig Jahre.«

Auf der arabischen Buchmesse lassen uns scharfe Polizeikontrollen spüren, wie nah wir an der Grenze zum feindlichen Israel sind. Manchmal donnert ein Kampfflugzeug durch den Luftraum. Überall im Stadtbild: schwer bewaffnete Polizei. Die Stimmung ist nicht entspannt. Schon bei der Einreise fängt das an: Man darf keinen Israel-Stempel im Pass haben, sonst kann man gleich wieder umkehren. Es gibt diesen Witz: dass Gott den Libanon mit seinen schneebedeckten Bergen und Zedern, der schönsten Küste des Mittelmeers, der fruchtbarsten Ebene der ganzen Levante so herrlich erschuf, dass sich andere Länder neidisch beschwerten. Da dachte Gott nach und gab dem Libanon zwei anstrengende Nachbarn: Syrien und Israel. Syrische Präsenz ist überall spürbar, politisch, geheimdienstlich, militärisch – wer mehr darüber wissen möchte: Das Buch »Geheime Gärten« von Volker Perthes erklärt alle politischen und kulturellen Zusammenhänge der komplizierten arabischen Welt einfach, überzeugend und kenntnisreich.

Im Nationalmuseum von Beirut

Beirut und Kairo sind im Nahen Osten die Städte der Kultur, der Literatur – man sagt: Im Irak wird geschrieben, im Libanon gedruckt, in Ägypten gelesen. Der Libanon – eigentlich ist das nur ein Gebirge, einst von den schon aus der Bibel berühmten Zedern gekrönt, mit deren Holz König Salomon den Tempel hat bauen lassen. Die Zedern hat man bis auf ein paar Hundert abgeholzt, verfeuert, verbaut, als Eisenbahnschwellen verbraten. Ja, es wird neu aufgeforstet, aber bis eine Zeder ersten Samen trägt, vergehen vierzig Jahre. Das kann dauern, und das verlorene Paradies kommt sowieso nie zurück. Das lange, schmale Land ist klein: halb so groß wie Hessen, rund 10 500 Quadratkilometer. Kein arabisches Volk hat ein höheres Bildungsniveau, fünf Universitäten hat

Straßenszene in Westbeirut

Beirut, die Literatur blüht, Buchmessen, Verlage, Lesungen. Schulkinder diskutieren mit mir über meine (ins Französische übersetzten)
Bücher. Khalil Gibran, dessen Buch »Der Prophet« weltweit Millionen
Mal verkauft und gelesen wurde, ist der berühmteste Dichter des Libanon – 1931 starb er mit achtundvierzig Jahren in New York, beigesetzt
wurde er in seinem Geburtsort Bcharreh, dem Ort, in dem noch ein
letzter Zedernwald mit mehr als dreihundertfünfzig dieser tausendjäh-
rigen Bäume zu bestaunen ist. Unter den zeitgenössischen Autoren
ist Amin Maalouf vielleicht der interessanteste. »Letztlich ist die Zukunft doch aus unseren rückwärtsgewandten Sehnsüchten gemacht«,
schreibt er in seinem Roman »Die Häfen der Levante«, und wenn man
sich die Innenstadt des heutigen Beirut anschaut, wird dieser Satz
erschütternd wahr.

> *»Kein arabisches Volk hat ein höheres Bildungsniveau,*
> *fünf Universitäten hat Beirut, die Literatur blüht,*
> *Buchmessen, Verlage, Lesungen.«*

Wir lernen die wunderbare Marion Pirner kennen, eine Deutsche, die
im Libanon lebt, weil ihr Mann dort arbeitet, und die ab und zu über-
setzend im Goethe-Institut aushilft. Sie ist gelassen, glücklich, sie
fährt uns herum, zeigt uns abseits der müllbedeckten Strände in der
Innenstadt das Dorf Byblos in Richtung Tripoli, am Meer mit glas-
klarem Wasser und, endlich: wirklicher Ruhe. Sie hält unterwegs an
irgendwelchen Bruchbuden und bestellt *manouche*, frisches warmes
Fladenbrot mit Thymian. Sie zeigt uns die Schönheit in diesem ganzen
Durcheinander, und sie weiß auch: Unsere eine Woche ist viel zu kurz
und kostet viel zu viel Kraft. Den Libanon, den Nahen Osten, muss man
geduldig erlernen. Sie fühlt sich hier wohler als bei deutschen Kehr-
wochen und Gartenzaunstreitigkeiten.

Das schönste Viertel: Hamra, wo viele
Restaurants und Sportanlagen direkt
am Meer liegen

Wir trinken am Strand Pfefferminztee, wirklichen Pfefferminztee
mit grünen Minzeblättchen, und sehen den Anglern zu, und ich ahne,
dass es hier ein Leben hinter dem Chaos gibt. Wir schlendern durch den
Souk, kaufen schöne Gläser und Stoffe, kommen ein bisschen zur Ruhe.
Aus Mülltonnen ernähren sich räudige Katzen. Katze darf man nicht
sein im Libanon. Ich lese arabischen Kindern »Nero Corleone«, meine
Katzengeschichte, vor, und sie fragen mich: »Aber warum lieben Sie
denn Katzen?« Auf Katzen wirft man Steine, um sie zu ärgern. Natur,
Tierschutz – zumindest in der Großstadt Beirut sind das Fremdwörter.
Nur die reiche Lady Cochrane, eine Engländerin, die schon lange hier
lebt und sich massiv für den Erhalt des alten kulturellen Erbes in der
Stadt und gegen Hariris Abrissbirnen einsetzt, hat ein grünes, blühendes
Parkanwesen rund um ihre Villa, natürlich schwer bewacht.

Seegang an der Corniche von Beirut

Ansonsten: verstaubte armselige Palmen in schuttbedeckten Hinterhöfen, voller Datteln, die niemand pflückt. Nachts streunen magere Hunde. Vor den Metzgerläden hängen gehäutete Hammel. Man braucht starke Nerven. Zwischen zwei Schnellstraßen auf einem kleinen grünen Fleck sitzen Männer und spielen seelenruhig Backgammon. Die Frauen sind sehr stark geschminkt, der Libanon soll angeblich den höchsten Pro-Kopf-Anteil an Kosmetik weltweit haben. Im arabischen Fernsehen kann man das staunend noch besser besichtigen.

Ich hetze atemlos durch Beirut, von einem Termin zum andern, das Goethe-Institut hat mich tüchtig eingeplant. Ich lese, diskutiere, rede, ich bin immer pünktlich, und darüber kann man hier gar nicht genug staunen. Man ist doch im Orient! Was soll die Hetzerei! Man hat mich sogar falsch bestellt, ich musste ein paar Tage früher als geplant anreisen, nur um dann zu hören: Ach nein, wir haben uns vertan, die arabische Buchmesse ist doch erst in drei Tagen, macht nichts, haben Sie eben frei! Frei in Beirut … ich denke an mein stilles Haus mit grünem Garten in Köln, während ich bei fast dreißig Grad im November durch die lauten, staubigen Gassen trabe. Aber irgendwann gebe ich auf, werde wurschtiger. Die Dinge verschieben sich: Was in Deutschland wichtig ist, spielt keine Rolle mehr.

Wir sind froh, irgendwo zu sitzen und *mezze* zu essen, zahllose leckere Vorspeisen in kleinen Schalen: Radieschen, Lauch, Möhren, Gurken, Linsen, Kichererbsenpüree, *hommos*, Sesamcreme, *tahina*, Auberginenpüree, *muttabal*, und, das Leckerste: *tabouleh*, ein Salat aus Petersilie, Zwiebeln, Tomaten und geschrotetem Weizen, und dazu Hühnchenflügel in Knoblauch-Zitronen-Soße, kleine scharfe Würste, gefüllte Weinblätter. Das alles herrlich gewürzt mit Thymian, Minze, Zimt, Koriander, dazu Brot, *chubbes*, und man trinkt tüchtig Arrak. Und: Das sind alles erst die Vorspeisen, danach geht es erst richtig los, von den süßen Nachtischen gar nicht zu reden. Man isst stundenlang, und dazu spielt oft eine arabische Kapelle, oder wir hören vom Band Fayrouz, die große Dame des arabischen Chansons, sie besingt *Lubnan ya akhdar hilo*, den grünen, süßen Libanon, und *habibi*, den Liebling. Wir rauchen Wasserpfeife mit Apfelaroma und hören dem Muezzin zu, schließen die Augen und können uns in all der Erschöpfung plötzlich auch ein anderes Leben vorstellen, Marion hat recht.

Wieder zu Hause in Deutschland, werfe ich die Reisetasche in die Ecke, lege mich in Kleidern für einen Augenblick aufs Bett, um auszuruhen, und schlafe vierzehn Stunden am Stück. *Ahla ua sahla!* – willkommen.

November 2003

oben: Traditionelle Kleidung in der Shopping-Mall
links: Ruinen und Wiederaufbau

VENEDIG

»La Traviata« in Venedig

Zur Neueröffnung des vor Jahren abgebrannten Opernhauses La Fenice fuhren wir nach Venedig und sahen und hörten Verdis »La Traviata«. Tagsüber streifte Tom durch die Stadt nach Fotos, ich nach Eindrücken, jeder für sich, denn allein erschließt sich einem Venedig am besten.

Flügeltransport in die Oper

Viermal war ich bisher in Venedig. Dreimal waren es, über fünf-undzwanzig Jahre verteilt, »Liebesreisen«, wie es sich, dachte ich, für Venedig gehört, und jetzt, das vierte Mal, war es eine Arbeitsreise zusammen mit Tom Krausz.

Wir trennten uns oft tagsüber, er suchte seine Bilder, ich meine Ge-schichten, also war ich einen großen Teil des Tages zum ersten Mal in Venedig allein. Keine Hand, die meine hielt, kein Arm in Arm durch die Gassen Schlendern, keine tiefen Blicke, kein gemeinsamer *caffè* im »Florian«, keine Gespräche über uns, die Gefühle, die Leidenschaften, die Zukunft, die Vergangenheit. Ich war allein mit Venedig.

Und zum ersten Mal hat diese Stadt zu mir gesprochen, zum ersten Mal hat sie mein Herz wirklich erreicht – die Wintersonne glänzte auf

dem Wasser, die Kanäle murmelten, die Katzen strichen mir scheu um die Beine, seltsame Begegnungen und Gespräche in den totenstillen Gassen, geht man nur ein paar Schritte weg von San Marco, San Stefano, der Rialtobrücke. Ein schlafendes, verzaubertes Dornröschen war die Stadt diesmal für mich, und sie zeigte sich mir schön wie nie. Völlig erstaunt begriff ich, dass Venedig genau so wahrgenommen werden will, nicht durch die touristische Brille, sondern durch lange, stille Wanderungen und den melancholischen, schweigenden Blick dessen, der allein reist. Das bedeutet auch: Die Piazza San Marco ist nur nachts, wenn es ganz still ist, überwältigend schön. Dann erst begreift man diese Architektur. Tagsüber wimmeln zu viele Menschen und Tauben herum. Das muss auch so sein, schon vor Jahrhunderten antworteten stolze italienische Väter auf die Frage, was denn ihr Sohn mache: »È in piazza!« Er ist Müßiggänger, er schlendert auf dem Platz herum, und *piazza*, das ist immer San Marco, alle anderen Plätze heißen *campo*.

Venedig ist eine Nacht-, ist eine Winterstadt, »Venedigs Seele, die Seele, mit der die alten Künstler die schöne Stadt bekleideten, ist herbstlich«, schrieb Gabriele D'Annunzio. Tagsüber beleuchtet die Sonne Armut und Verfall, aber nachts auf dem Dorsoduro, der Promenade gegenüber der Giudecca, wenn die rosafarbenen Gaslaternen durch den Nebel flimmern, hat man das Gefühl, direkt im Herzen aller Schönheit zu sein. Und es macht so viel Schönheit erträglich, dass man sieht: Sie bröckelt auch, sie verfällt. Mir fiel ein Stück aus Lord Byrons berühmter Dichtung »Childe Harold's Pilgrimage« ein, wo es heißt: »Verstummt sind in Venedig Tassos Lieder;/Still rudert, ohne Sang, der Gondolier;/Paläste bröckeln auf das Ufer nieder,/und selten tönt Musik durch das Revier,/die Zeit ist hin, doch weilt noch Schönheit hier...«

Tom und ich wollten nur vier Tage nach der Eröffnung des Opernhauses La Fenice sehen, wie alles nach dem Brand vor acht Jahren wieder aufgebaut ist, wollten hören, wie es klingt. Wir hatten Karten für »La Traviata«, dirigiert von Lorin Maazel, und wir hatten Herzklopfen vor Freude darauf und schlichen schon zwei Tage vorher immer um das Opernhaus herum. Es liegt versteckt an einem kleinen Platz, dem Campo San Fantin, an zwei Seiten von Kanälen umgeben. Leuchtend

Im Caffè »Florian« auf dem Markusplatz

La Fenice – das Opernhaus am
Campo San Fantin

weiß die neue Fassade, golden der Phönix über dem Eingang, der aus der Asche wiederauferstandene heilige Vogel der Ägypter – wie passend für ein Theater, das nun schon dreimal abgebrannt ist und immer wieder noch prächtiger aufgebaut wurde. Es brannte 1773, 1836 ging La Fenice zum zweiten Mal in Flammen auf. Schon dreihundertachtzig Tage später wurde dort wieder musiziert – die Venezianer konnten ohne ihre Oper nicht sein. Diesmal dauerte der Wiederaufbau ganze acht Jahre – eine endlose italienische Geschichte von Korruption, Verzögerung, Bauschwindeleien. Im März 1853 wurde Verdis Oper »La Traviata« in La Fenice uraufgeführt, im November 2004 wurde das Theater mit dieser Oper endgültig glanzvoll wiedereröffnet. An diesem Abend ist vergessen, was das alles gekostet, wie lange das alles gedauert hat, die Oper ist, wie es der damalige venezianische Bürgermeister Massimo Cacciari sofort nach dem Brand versprochen hatte, wieder aufgebaut »dov'era e com'era« – wo sie war und wie sie war.

Ganz so, wie es war, kann etwas Verlorenes nie mehr werden, aber die Italiener haben gute Arbeit geleistet: Die Deckengemälde wurden akribisch nachgemalt, die Fresken wiederhergestellt, die wunderbaren

Fußböden rekonstruiert, der Zuschauerraum mit reichlich Gold und mächtigen venezianischen Lüstern verziert, die Säle im ersten Stock sind von atemberaubender Pracht, die Lüster hier noch üppiger verteilt, groß wie Einfamilienhäuser, und, was man nicht sieht, aber hört: Die Akustik wurde verbessert. Natürlich fehlt Patina, wie auch nicht – alles ist noch neu und glänzt noch ein bisschen zu viel, aber in einer so alten, morschen, ewig feuchten Stadt wie Venedig wird die Patina schneller kommen als anderswo.

> *Gibt es irgendeinen künstlerisch fühlenden, denkenden, arbeitenden Menschen, der nicht wenigstens einmal in seinem Leben nach Venedig gereist wäre?* «

Was das nun alles gekostet hat? Unsummen, natürlich – aber nun hat eine Stadt mit nur noch vierzigtausend Einwohnern eines der schönsten Opernhäuser der Welt. Es gibt sogar noch eine zweite Spielstätte in Venedig, das Teatro Malibran bei Rialto, und würde man das hochrechnen auf die Einwohnerzahl, müsste eine Stadt wie München fünfundsiebzig Opernhäuser haben, schrieb Dietmar Polaczek in der *Süddeutschen Zeitung*.

Venedig war immer die Stadt der Musik, Nietzsche hat Venedig zum Synonym für Musik schlechthin erklärt, und Carlo Goldoni, Sohn dieser Stadt und großer Theaterdichter, beschrieb in seinen Erinnerungen 1787 die sieben venezianischen Theater, von denen täglich zwei große Opern spielten, zwei komische Opern und drei Lustspiele. Und: Die Gondolieri singen auf Wunsch immer noch. Mark Twain, der sich über Venedig auch lustig gemacht hat, beschreibt, wie er seinen singenden Gondoliere zum Schweigen gebracht hat: »Jetzt hör mal her, Rodrigo Gonzalez Michelangelo, ich bin ein Pilger, und ich bin ein Fremder, aber ich bin nicht gewillt, meine Gefühle von einem solchen Gejaule zerfleischen zu lassen. Wenn das nicht aufhört, muss einer von uns ins Wasser… Noch ein Quiekser, und du gehst über Bord!«

Natürlich lebt in Venedig alles vom Tourismus, er ist Fluch und Segen dieser Stadt – er ruiniert und erhält sie zugleich. Aber das war schon immer so. Gibt es irgendeinen künstlerisch fühlenden, denkenden, arbeitenden Menschen, der nicht wenigstens einmal in seinem Leben nach Venedig gereist wäre? Nein, nicht nur Goethe. Auch schon sein Vater. Und Thomas Mann, der hier »Tod in Venedig« konzipierte; Lord Byron, der die historische Tragödie »Die beiden Foscari« über zwei Dogen schrieb, von Verdi später als Oper komponiert; Ezra Pound, der Verse über Venedig schrieb, arm war, auf dem Dorsoduro Graupensuppe aß und auf San Michele, Venedigs Friedhofsinsel, begraben liegt; George Sand und Alfred de Musset, die in Venedig ihr Liebesdrama

Kurz vor der Vorstellung im Teatro La Venice

Allerfeinste Stoffe und barocke
Einrichtung in den Räumen des
Teatro La Fenice

Langsam füllen sich die Balkonlogen

lebten; Hermann Hesse, der sich, wie wir, auch immer verlief; Joseph Brodsky, der nur im Winter kam; Montaigne, der am liebsten in Venedig zur Welt gekommen wäre; D'Annunzio, der in Venedig die Duse kennenlernte und eine Liebesaffäre mit ihr begann; Rousseau, der jeden Abend in die Oper fuhr und zu Hause auf einem gemieteten Cembalo die schönsten Arien nachspielte; Proust, der mit seiner Mutter da war und seine Zeit in Venedig »selige Tage« nennt; Hemingway, der Harry's Bar berühmt machte; Boris Pasternak, der mit zweiundzwanzig Jahren nach Venedig kam und hier erst begriff, was Kunst, was Schönheit ist – ach, die Liste ist endlos, und das sind gerade mal nur die Dichter, die mir auf Anhieb einfallen. Dann erst die Musiker! Die Maler! Und, natürlich: ganz Japan. Ich habe während der Woche in Venedig deutlich mehr Japaner als Italiener gesehen. Aber nur auf den Straßen, in den Glasgeschäften, in den Restaurants. Weder im Caffè »Florian« noch in der Oper waren sie. Da blieb Europa unter sich.

Einmal gingen wir über den großen Campo San Stefano, und uns kam ein kleiner, eleganter, südländisch aussehender Mann mit schwarzen Locken entgegen. Mir war danach, ihn anzulächeln, und er lächelte zurück und sagte in perfektem Deutsch: »Ich sehe immer gern Ihre Sendung.« Wir kamen ins Gespräch, ich erzählte von meiner Vorfreude auf die Oper am nächsten Abend, und er verbeugte sich und sagte: »Ich bin Roberto Saccà, ich singe morgen für Sie den Alfredo.« So klein ist Venedig, so einfach ist es, einem weltberühmten Menschen zu begegnen. Später saß ich im Hof vor dem Konservatorium und lauschte der Klaviermusik aus den Übungssälen, jemand spielte das gleiche Stück von Rachmaninow, das ich seit Wochen zu Hause hörte. Ich hatte diese ganze Zeit in Venedig das Gefühl von einem tiefen, fast schmerzlichen Frieden, »pace, pace!«, wie es die Leonoren in den Opern immer singen.

Und dann endlich, unser Opernabend. Vor dem Theater vergnügtes Geschnatter eleganter Damen, die Orchestermusiker standen zu Beginn und in den Pausen in ihren Fräcken draußen, rauchten, tranken an der Ecke rasch einen Espresso. Es geht ungezwungen zu. Innen – an jeder Ecke, auf jedem Flur, an jeder Treppe: ein argwöhnisch wachender Feuerwehrmann. (Das letzte Mal war es Brandstiftung!) Ich saß auf einer der goldenen Bänke im Foyer und beobachtete das hereinströmende Publikum. Hier tragen die Damen, wie immer in Italien, üppige Pelze, die natürlich nicht an der Garderobe abgegeben werden. Das nehmen einige Touristen zum Anlass, auch ihre wattierten Anoraks stundenlang auf dem Schoß zu halten. Der Italiener geht elegant in die Oper, der Tourist mit dem, was er im Rucksack hat, die Mischung ist grotesk. Das Haus erträgt das. Hunderte kleiner Lämpchen blinken an den Logen fünf Ränge hoch, Engelchen blasen an der Decke stumm ihre Posaunen, der grüne Samtvorhang ist so viel eleganter als das weltweit

oben: Begegnung mit dem Tenor Roberto Saccà auf dem Campo San Stefano
rechts oben: Ein Theaterkomparse macht Pause und liest die Zeitung
rechts unten: Die Musiker stehen im Frack hinter der Oper

Damen voller Vorfreude vor dem Eingang der Oper La Fenice

Straßencafés neben dem Opernhaus
warten auf Gäste in der Pause

übliche Theaterrot. Aus den Logen winken sich Bekannte zu, die Stimmung ist gelöst, heiter, erwartungsfroh. Die Eintrittskarten sind sehr teuer, aber noch am Tag der Aufführung waren welche zu haben, glückliche deutsche Touristen konnten es kaum fassen. Tom und ich durften am Morgen hinter die Kulissen sehen – die engen Büros, die endlosen Treppenaufgänge, die verwirrenden Wege zu den Künstlergarderoben, alles riecht noch ganz neu und nach Farbe, und als wir wieder auf dem kleinen Platz draußen standen, hievten vier Männer mit einer seltsamen kleinen Treppenraupe den Flügel hoch, auf dem Alfredo abends spielen würde – zumindest so tun würde, in Violettas Salon. Beim Teatro La Fenice ist kein Platz für einen Fundus. Die Kulissen lagern auswärts in zwei Magazinen und müssen per Boot angeliefert werden,

das geht nur bei normalem Wasserstand. Man kann zusehen, wie die schwer beladenen Schiffe in den Bauch des Theaters fahren. Es gibt unter der Bühne keinen Unterboden: Da ist Wasser. Das siebzigköpfige Orchester sitzt auf Höhe des Meeresspiegels. Kein anderes italienisches Opernhaus, auch die Mailänder Scala nicht, galt lange so sehr als Inbegriff italienischer Opernkultur – Paisiello, Cimarosa, Rossini, Bellini, Mozart, Donizetti, Verdi, Puccini, Wagner, Bizet – alle großen Komponisten erlebten Aufführungen ihrer Werke im La Fenice. Auch Strawinskys »The Rake's Progress«, Luigi

»Es gibt unter der Bühne keinen Unterboden: Da ist Wasser. Das Orchester sitzt auf Höhe des Meeresspiegels.«

Nonos »Intolleranza«, Bruno Madernas »Hyperion« und Luciano Berios »Esposizione« – Opern des 20. Jahrhunderts – wurden hier zum ersten Mal in Szene gesetzt. Das Teatro La Fenice ist kein Museum, wenn es auch so aussieht.

Und auch die Inszenierung von »La Traviata«, die wir gesehen haben, räumt gründlich mit altem Rührkitsch, Plüsch und Plunder auf. Bei dieser Geschichte der Kurtisane Violetta, die den bürgerlichen Alfredo nicht lieben darf, weil dessen Vater sich dagegenstellt, wird gern die eine große schwülstige Liebe beschworen. Nicht so in Robert Carsens und Lorin Maazels Version: Es ging nicht um Liebe, es ging ums Geld. Violetta wird bezahlt für ihre Dienste, und Alfredo kann nicht zahlen, da hilft Gesäusel auch nicht weiter. In der Pracht des

Über dem Eingang zum Opernhaus der goldene Phönix, der La Fenice den Namen gibt

neu erstandenen Theaters sahen und hörten wir die Kälte einer Oper, die, so gespielt und inszeniert, genau in unsere heutige Zeit passt, ohne sich modernistischem Schnickschnack anzupassen. »Addio il passato«, singt Violetta, als es ans Sterben geht, und sie besitzt nicht mal mehr ein Bett. – Der Arzt, der gerufen wird, sieht sie kaum an, kassiert aber sofort. Während ihrer Todesarie geht im Zuschauerraum für einen Moment gleißendes Licht an – Violetta hofft, nun, da Alfredo zurückgekehrt ist, doch noch mit ihm leben zu können; Irrtum: Sofort wird es wieder dunkel, und auf der schummrigen Bühne räumen die Bühnenarbeiter schon die letzten Möbelstücke ab. Trauriger, kälter, illusionsloser habe ich diese Oper nie gesehen, und richtiger, glaube ich, auch nicht – und das an diesem Ort der rekonstruierten alten Pracht.

Prachtvolle Straßenlaterne am Canal Grande

Canal Grande mit Kirche Santa Maria
della Salute

Am Tag nach der Aufführung scheint eine klare Wintersonne. Ich fahre dick vermummt mit einem Vaporetto einmal um ganz Venedig herum, sehe mir auf der Insel San Giorgio Maggiore eine witzige Ausstellung mit Theaterkarikaturen von Tiepolo Vater und Sohn an und gehe ins Guggenheim Museum am Canale Grande. Im Garten eine Leuchtschrift von Maurizio Nannucci: »Changing place / changing time / changing thoughts / changing future.«

Er hat recht, denke ich, jede Reise verändert das eigene Leben, die eigene Zukunft. Daneben das Grab von Peggy Guggenheim und von vierzehn ihrer Hunde, mit Namen und Lebensdaten auf Marmor. Ein paar Schritte weiter wächst ein wunderbar sperriger Olivenbaum mit einem Stamm wie ein menschliches Gesicht – ein »Wish Tree«, ein Wunschbaum, »with love to Peggy from Yoko Ono«. Ein Foto der so schön und gelassen alternden Yoko Ono hängt über meinem Schreibtisch. Alles hängt mit allem zusammen. Ich fühle mich tief glücklich, nach dieser Musik, in dieser Stadt, unsichtbar umgeben von Menschen, die ähnlich empfinden, empfunden haben wie ich selbst. Auch Jenny Holzer fehlt nicht: In einen Marmorblock beim Eingang hat sie einen ihrer berühmten Sätze graviert: »Savor kindness because cruelty is always possible later.«

Ja, ich will mir für eine Weile die venezianische Sanftheit und Freundlichkeit bewahren. Die Grausamkeit kommt später schon von ganz allein.

November 2004

Am besten kann man in Venedig
Papier und Stoffe einkaufen, aber auch
viele andere wunderbare Dinge

SALZBURG

Salzburg im Mozartjahr

2006 – Mozartjahr. Tom und ich recherchierten in Salzburg, ob außer Kitsch und Kugeln vom Wolferl noch etwas übrig geblieben war. Und wir staunten: Mozart lebt und ist auch vom Tourismus nicht totzukriegen. Salzburg zeigte sich uns sonnig kalt im Schnee, und natürlich waren wir wieder in der Oper.

Stadtansicht mit Fernrohr

Müssen wir an dieser Stelle noch ein Wort über Mozarts Genie, seine Kunst, seine Musik verlieren? Franz Schubert schrieb am 13. Juni 1816: »O Mozart! unsterblicher Mozart, wie viele, o wie unendlich viele wohltätige Abdrücke eines lichtern, bessern Lebens hast du in unsere Seelen geprägt!« Jeder weiß es: Mozart ist göttlich, und er sitzt bestimmt zusammen mit Bach zu Füßen Gottes, wenn Gott denn Füße hat. »Is eh kloar«, würden die stolzen Salzburger zu etwas derart Selbstverständlichem sagen.

Wenn man also zu Beginn des Mozartjahres 2006 nach Salzburg fährt (natürlich mit dem Zug! Obwohl es einen Flughafen gibt! Raten Sie wie er heißt? Richtig: Airport Wolfgang Amadeus Mozart), dann erwartet man Mozart allüberall. Um jede Ecke wird es huschen, das rote

Samtröckchen, das weiß gepuderte Zöpfchen, in jedem Café wird sie erklingen, die kleine Nachtmusik, überall wird sie rollen, die berühmte
Mozartkugel. Man ist gewappnet, und Tom Krausz und ich hatten be-
schlossen, energisch nach mozartfreien Zonen zu suchen, uns ein
wenig zu entziehen – Trakl! Stefan Zweig! Paracelsus! Das alles ist doch
auch Salzburg! Wir würden das andere Salzburg entdecken, so wie wir
auf früheren Reportagereisen überfrequentierte Orte immer konse-
quent gegen den Strich gebürstet haben.

Ach, es kam anders. Dieser Mozart ist einer, in den man sich
verliebt, und das kann kein Weißbierglas mit seinem Konterfei, kein
»Mozart-for-men«-Herrenduft, kein T-Shirt, keine Einkaufstasche,
keine Mozartwurst in Geigenform, kein Mozartschnaps und kein
Mozartporträt auf dem Nachtischteller, mit der Kakaoschablone hin-
gestäubt, zerstören. Er lacht über das alles und turnt in Tönen darüber hinweg und bleibt klar, schön, genial, was auch immer man
mit ihm anstellt.

Und, um auch das vorwegzusagen: Warum sollen nicht zum Ge-
denkrummel rund um die Todes- und Geburtstage Andenkenhändler,
Kaufleute, Cafébetreiber und andere an ihm ein wenig verdienen –
geschenkt. Kulturtourismus ist immer auch ein Wachstumsfaktor. Aber
was diese relativ kleine Geburtsstadt Salzburg zwischen ihren Felsen
und der Salzach in diesem Jahr zu Mozarts 250. Geburtstag für ein
Programm stemmt, das kann einem den Atem rauben und nötigt un-
eingeschränkten Respekt ab. Alle zweiundzwanzig Opern spielen sie,
täglich sind Konzerte, es gibt in fast allen Kirchen laufend Messen,
Requiem, Kirchenmusik von Mozart, die immense Ausstellung »Viva
Mozart« ist zu sehen, alle Großen der Musikwelt werden kommen, und
im Dom, im Mozarteum, im Landestheater, im großen und im neuen
kleinen Festspielhaus, in Sälen und im Freien dirigieren, inszenieren,
singen, spielen – das Juilliard String Quartet und Harnoncourt mit den
Wiener Philharmonikern, Riccardo Muti und Anna Netrebko, Valery
Gergiev und Mitsuko Uchida, Barenboim, Andras Schiff, Sabine Meyer,
Thomas Hampson und Thomas Quasthoff, und es geht das ganze Jahr
hindurch so weiter. In der Bar des Sacher sehen wir Anne Sophie
Mutter, im Landestheater inszeniert Doris Dörrie »La Finta Giardiniera«
und ist über den Erfolg so glücklich, dass sie sich endlich mal ohne
Sonnenbrille unter die Leute traut. Ihre falsche Gärtnerin bewegt sich
zwischen Regalen eines Gartencenters, und die witzigen Einfälle pur-
zeln nur so: tanzende Riesenstiefmütterchen, nickende Buchsbäume,
mit der Heckenschere wird die Rokokofrisur bedroht, und wie im
Gartencenter, so hat auch in der Liebe alles seinen Preis. Die drei-
stündige Aufführung hat nur wenige angestrengte Momente, meist ist es
eine leichte, unbeschwerte Freude, dieser Musik eines Neunzehn-
jährigen zuzuhören.

Original oder echte Salzburger
Mozartkugeln?

Die Kritik war damals nicht gnädig: »Ein buntes, geschmackloses Ding«, schrieben die *Dramaturgischen Blätter Frankfurt* 1789, »auch Mozarts Musik machte wenig Sensazion auf unser Publikum.« Diesmal war das Publikum durchweg begeistert und die Premierenfeier in

»Er war zugleich vollendet und Fragment, so früh gestorben,
noch gar nicht fertig mit dem Leben und dem Schaffen.«

oben: Das Lüpertz-Denkmal
»Hommage an Mozart«
rechts oben: Schaufensteraufdruck in
der Linzer Gasse
rechts unten: In Mozarts Geburtshaus

Mozarts Wohnhaus gegenüber am Makartplatz euphorisch. Die Regisseurin und ich schlichen uns ein wenig abseits zu einer Glasvitrine, in der der erste, 1829 gedruckte Klavierauszug der 1774 komponierten »Finta Giardiniera« hinter Glas liegt und ein rührend kleiner, vergilbter Brief von Mozart an seine Mutter, 14.1.1775: Es sei bei der Premiere der Gärtnerin »... nichts als geglatscht und bravo geschryn worden, bald aufgehört, wieder angefangen und so fort«.

Am nächsten Tag haben wir das grandiose Juilliard String Quartet gehört und am Abend in der gemütlichen Kneipe Zum Eulenspiegel eine junge Frau aus Thüringen getroffen, die auch dort und noch völlig ergriffen war – man begegnet sich, diskutiert, freut sich gemeinsam. Salzburg ist klein, man trifft einander, beim Tafelspitz im Restaurant, bei Himbeertorte im Café Tomaselli, beim Bier im Brauhaus. Und Mozart verbindet. An Mozart darf keiner kratzen, darum stößt das Denkmal von Markus Lüpertz auf so erbitterten Widerstand: Das ist nicht der Götterliebling! Das ist ein hässlicher Torso, der ist ja verkrüppelt, mehr Frau als Mann, was soll das denn? Ich habe mir einen Spaß daraus gemacht, immer wieder nach dem Weg zum Lüpertz-Denkmal zu fragen, nur um zu hören: »Gehen's da ja nicht hin!«, »Grausig, das müssen's nicht sehen!«, »Eine Schande, eine Zumutung, degoutant!«

Und so haben sie ihn denn auch etwas weiter abseits aufgestellt, auf dem Ursulinenplatz, aber er hat es noch gut, verglichen mit dem scheußlichen Parkplatz, der nach Herbert von Karajan heißt! Da steht er nun also auf einem Steinsockel und schaut auf die Markuskirche des Fischer von Erlach, 2,95 Meter groß, aber gedrungen wirkend, eine provozierende Figur. Die Salzburger sind beleidigt. Ach, ihr vernagelten Salzburger, denkt doch mal nach, guckt doch mal hin: Einen Meter fünfzig war er groß, euer Mozart, unser Mozart. Er hatte ein Doppelkinn, Glubschaugen, Pockennarben im Gesicht. Er war wahrhaftig keine Schönheit. Er war zerrissen, umgetrieben, sinnlich, ein Zocker, ein frivoler Spieler, dabei unglücklich, im Grunde tief einsam, er hatte nicht die Anerkennung, die er hätte haben müssen – erst nach seinem frühen Tod hat man begriffen, wie sehr sein musikalisches Schaffen die Welt für immer verändert hat. Er war zugleich vollendet und Fragment, so früh gestorben, noch gar nicht fertig mit dem Leben und dem

MOZART IST DIE FERTIGE UND RUNDE ZAHL, DIE GEZOGENE SUMME, EIN ABSCHLUSS UND KEIN ANFANG.

Ferruccio Busoni

114

Szenen aus der Oper »La Finta
Giardiniera« von Wolfgang Amadeus
Mozart, inszeniert von Doris Dörrie,
Salzburger Festspiele 2006

Café Tomaselli

116

Schaffen. Und das alles zeigt Lüpertz – das Halbfertige, das Verwirrte, das Kraftvolle und das Verletzliche, und es ist so viel mehr Mozart als dieser pathetische drei Meter große elegante Herr aus Bronze da auf dem Mozartplatz mit Blick zur Residenz, aus der man ihn einst mit einem Fußtritt entlassen hat! Lüpertz zeigt nicht den kleinen Wolfgang, sondern das Gefährliche der Kunst, die ein Genie derart zerreißt. Mozart war nicht »der Komponist idealer Welten«, schreibt Eva Gesine Baur in ihrem sehr lesenswerten Buch »Mozarts Salzburg«, sondern er war der Komponist »menschlicher Wahrheit und Wirklichkeit«. Und Lüpertz zeigt mit seiner Skulptur genau das.

Was für ein rasantes Leben hat er geführt! Fünfunddreißig Jahre, zehn Monate und neun Tage hat es gedauert, und davon war er zehn Jahre, zwei Monate und acht Tage auf Reisen, ein Drittel dieses Lebens. Man reiste in holperigen Postkutschen mit fünfzehn Stundenkilometern, bei Unwettern, mit Achsenbrüchen, Rückenschmerzen, es war unmöglich, auf diesen Reisen zu schreiben. Mozart komponierte im Kopf, hielt die Hände unters schmerzende Gesäß, und wenn er ankam, schrieb er die Noten auf, die ihm unterwegs eingefallen waren. Wenn einer die bequeme Eisenbahn hätte brauchen können, in der Sie gerade sitzen und wahrscheinlich ein Handyklingeln mit Mozartmotiven hören, dann war das Jetsetter Mozart.

Irgendwann haben wir damit aufgehört, ihm in Salzburg nicht mehr begegnen zu wollen. Wir haben ihn überall gefunden, oft auch in absurden Zusammenhängen. Da ist zum Beispiel der erbitterte Streit der Mozartkugelhersteller Mirabell und Fürst um die einzig wahre Kugel. Mit Aktenzeichen OHG 4 Ob 2131/96b des erstrittenen Gerichtsbeschlusses steht es unten rechts in Fürsts Schaufenster: Nur die blausilbern verpackte Kugel der Familie Fürst, erfunden 1890, ist die original Mozartkugel. Alle anderen sind vielleicht echte Salzburger Mozartkugeln, aber nicht originale! Also, noch mal deutlich: Wenn »echt« draufsteht, essen Sie in Wirklichkeit eine Kopie. Und da, wo »original« draufsteht, haben Sie was Echtes. Dafür hat die unterlegene Firma Mirabell trotzig das Porträt auf ihren rotgoldenen Kugeln verändert: zum Mozartjahr der verjüngte Mozart! Nicht mehr das Porträt von Barbara Krafft von 1819 soll die Echten Salzburger Mozartkugeln (echt! Nicht orginal! Wehe! Aktenzeichen!) nun zieren, sondern ein neues, verjüngtes, angefertigt von einem Herrn Kiefer aus München, der auch für *Stern* und *Spiegel* Titelbilder entwirft, und so sieht der neue Mozart denn auch aus: eine Art André Rieu des Rokoko. Herr Kiefer findet, das sei nun ein Mensch von heute und nicht so ein verknöcherter alter Mann von damals … is eh kloar. Herr Kiefer entwirft übrigens auch eine überdimensionale rollende Mozartkugel, und dieses Unternehmen heißt »Roll on Mozart«, hat aber nichts mit dem Mozartkugeldrehkurs zu tun, den die Stadt selbst anbietet. Davon erfahren wir auf

Droschkenfahrt

117

einer Pressekonferenz, auf der es sehr englisch zugeht. Wir hören von »Happy birthday, Mozart!«, von der Reihe »Best of Mozart«, natürlich von »Rock me, Amadeus« und von »Mozart 4 Kids«. »Er ist unser Hero«, hören wir, und auf der großen Erlebnisausstellung »Viva Mozart!« gibt es Touchscreenmonitore und Audioguides – ja, wir sind im 21. Jahrhundert. Von Kosten in Milliardenhöhe ist die Rede, aber auch von Identifikation mit Mozart. Der Geschäftsführer der Tourismus Salzburg GmbH weiß: In jedem von uns steckt doch a bisserl der Wolferl, auch wir haben wie er Ehe- und Finanzprobleme, wir alle sind Mozart, aber das Genie – das hatte eben nur er.

Abends beim festlichen Mozart Dinner Concert im Barocksaal des Stiftskellers von St. Peter sieht die ganze kleine Sänger- und Musikantenkapelle aus wie Mozart: rote Röcke, weiße Spitzen, und während wir Lemonisupperl mit feinem Zimt und Mozarts Lieblingsspeise, gebratenen Capaun mit Erdäpfelbirne an Salbei-Trüffelrahm essen, spielen sie uns »La ci darem la mano« – »Eine kleine Nachtmusik«, Papagenogeplapper und andere Highlights (!) des großen Künstlers vor, bei Kerzenschein, zu moderaten Preisen, in angenehmer Umgebung und in der Gesellschaft schwitzender Amerikaner in dicken Skipullovern. Diese Dinners gibt es täglich, das ganze Jahr hindurch, und wenn die Musiker etwas weniger rasant spielen würden, um rasch durchzukommen, könnte es sogar ein noch schönerer Abend sein.

Aber auch Modernes ist zugelassen, auch Mozart ist erlaubt, und Robert Wilson durfte in den Räumen des Geburtshauses eine Performance mit wachsbleichem Mozartkind unter Neon in weißem Kinderbett anbieten, auf Nannerls Spinett wackelt ein Holzhund mit den Pfoten und jault. Unfug und Devotionalien gehen eine liebenswert verrückte Allianz ein. Eine Leuchtschrift im Innenhof zitiert das Wolferl: »Madame Mutter, ich esse gerne Butter.« Die Japaner fotografieren hier nicht nur nonstop, sie sind sogar schon leidenschaftlich und freundlich engagierte Aufseher im Mozarthaus. Vielleicht haben sie in ein paar Jahren all das gänzlich übernommen?

Wir sehen prächtige Kleider und Perücken. Leopold Mozart ließ für sich und den Sohn kirschrote Röcke mit apfelgrünem oder himmelblauem Futter und Silberknöpfen anfertigen. Die Perücken wurden gepudert, indem man den Puder in die Luft stäubte und auf das Haar herunterrieseln ließ. Nach Salzburg schrieb der Vater von einer Reise: »Wir waren schön wie die Engel.« Auch Schönheit ist abhängig vom Geschmack der Zeit ... Nicht Mozarts liebevoll restauriertes Geburtshaus, sondern das brutal direkt daneben gedonnerte Fischgeschäft mit Alufenstern ist, so gesehen, die Zukunft. Dafür stehen versöhnlich auf den Fensterscheiben des Gabler Bräu in der Linzer Gasse bewundernde Worte des Komponistenkollegen Ferruccio Busoni: »Mozart kann sehr

Konzert des Juilliard String Quartet im Mozarteum

Kulinarisches

Eingang zum Mirabellgarten

vieles sagen, aber er sagt nie zu viel!« Da war Busoni klüger als der Kaiser Franz Joseph II., der nach der Premiere der »Entführung aus dem Serail« geklagt haben soll: »Zu viele Noten, lieber Mozart!« Und Mozart soll selbstbewusst geantwortet haben: »Ja, Euer Majestät, aber keine einzige umsonst.«

»... und es ist schon ein Gänsehautgefühl, in St. Peter zu stehen und zu wissen: Hier hat er auf der Orgel gespielt, hier erklang seine c-Moll-Messe 1783, und seine Constanze sang die Sopranpartie.«

Über den Friedhof von St. Peter zieht der leckere Duft frisch gebackener Brötchen aus der ältesten und besten Bäckerei. Die Brötchenholer gehen mit ihren warmen Tüten quer über den Friedhof, vorbei an der gleich rechts gelegenen Gruft der Originalmozartkugelfamilie Fürst. Auf einer Bank steht, sehr heutig, das Graffito: »Elche rocken die Welt!« – Elche, nicht Amadeus. Und über einem Lehrergrab lesen wir die rührende Bitte: »Gibt's im Jenseits eine Schule dein,/Herr, dann lass mich wieder Lehrer sein!«

Hier liegt auch Mozarts Schwester, das Nannerl, das es dann noch zur Freifrau Marianne schaffte, und dort steht über einer Gruft: »O dasz ihr weise wäret und verstündet, was euch hernach begegnen wird!« Nanu, ist da tatsächlich doch einmal einer vom Jenseits zurückgekommen und weiß Bescheid, dass es schrecklich wird? Auf St. Sebastian, wo Vater Leopold und Mozarts Frau Constanze begraben sind, verkündet aber eine Inschrift an einem Grab: »Die Leiden dieser Zeit sind nicht zu vergleichen mit der zukünftigen Herrlichkeit.« Es wird also in Salzburg sowohl um Mozartkugeln wie auch ums Jenseits gestritten, neuerdings auch um den Schnaps, der Mozart heißen darf oder auch nicht, da versteht die »Mozart Distillerie GmbH« keinen Spaß.

Dem Wolferl wär's eh wurscht. Er hat sie nicht gemocht, diese Salzburger, die ihn jetzt so glühend verehren und so rauschend feiern. Dabei hat er die meisten seiner Werke hier geschrieben, und es ist schon ein Gänsehautgefühl, in St. Peter zu stehen und zu wissen: Hier hat er auf der Orgel gespielt, hier erklang seine c-Moll-Messe 1783, und seine Constanze sang die Sopranpartie. Wir waren im Januar da, es war eisig kalt, abends fiel frischer Schnee, völlige Stille draußen, ein heller, geheimnisvoller Himmel, und plötzlich war er spürbar da, der Mozart mit seiner all diese Felsen erweichenden Musik, der Orpheus, der uns aus unseren Unterwelten zurückholt mit der Kraft seiner Musik.

Ein Jahr mit Mozart. Er wird es überleben. Und wir? Aber ja. Kann es denn überhaupt ein Jahr ohne Mozart geben?

Januar 2006

oben: Friedhof St. Sebastian, hier liegen Mozarts Vater Leopold und Mozarts Frau Constanze
links oben: Stadtansicht mit Salzach
links unten: In der Goldgasse

123

GLYNDEBOURNE

Eine Reise ins Innere

Das alte Opernfestival in Glyndebourne glänzt noch immer durch Qualität, Spielfreude und grandiose Landschaft. In den Pausen zwischen den Opernakten macht
man auf Schafswiesen Picknick oder isst in einem der Restaurants – lecker und teuer.
Mitgebrachter Wein, Champagner, Käse auf der Wiese tun es durchaus auch!

Picknick auf dem Gras, die einfache
Variante

August 2006. Auf dem Hamburger Flughafen erfahren der junge
Komponist Marc-Aurel Floros und ich, dass alle Flüge nach
London wegen geplanter Terroranschläge gecancelt sind. Wir
haben einen Flug nach London, und wir haben mühsam ergatterte Eintrittskarten für zwei Opern beim legendären Festival in Glyndebourne.
Wir sind Opernliebhaber, Fans, *afficionados*, wir wollen nach Glyndebourne, egal wie, und wir handeln schnell.

Von der sogenannten Achse des Bösen, die sich hier plötzlich prä-
sentiert, wollen wir uns diese Reise nicht kaputtmachen lassen. Statt
nach London, fliegen wir rasch – und wenn es sein muss auch ohne Gepäck – mit der nächsten Maschine nach Birmingham. Von Birmingham fahren Züge nach Brighton, in Brighton gibt's Hotels und Taxis,

die in einer halben Stunde in Glyndebourne sind. Mühsam, aber es ist zu schaffen.

Abends, auf dem berühmten Pier von Brighton, der weit ins Meer ragt und von ferne noch fast schön aussieht, geraten wir von der Achse des Bösen geradewegs auf die Achse des Blöden: Spielautomaten, Krach, Billigfraß, Karussells, Autoscooter, Geisterbahn – die ganze grelldumme Unterhaltungsmaschinerie, die, sieht man sich die besoffenen oder missmutigen Gesichter an, niemanden glücklich macht.

> *»Nichts erreicht uns mehr, kein Bild, kein Buch, keine Sonate.*
> *Oper, das ist das geballte Kraftwerk der Schönheit.«*

Würde Oper diese Menschen erreichen? – Oder sind wir längst die Zweiklassengesellschaft: hier das einfache Volk mit seinen primitiven Genüssen, dort das gebildete Kulturvolk mit Oper, Theater, Konzert? Ist es mehr wert, Beethoven zu hören als Die Toten Hosen? Sehe ich, wie in Bayreuth, die gesamte bayerische Regierung, Roberto Blanco und die Gottschalks anrollen, weiß ich, dass sich alles mischt. Aber sähe ich diese automatenspielenden, tätowierten und gepiercten Ballermann-Jünglinge vom Pier je in der Oper, zum Beispiel morgen in Glyndebourne?

Ich sehe sie nicht dort, schon weil sie nicht, wie wir, hundertsechzig englische Pfund für eine Karte bezahlen könnten, das sind etwa salopp gerechnet zweihundertvierzig Euro. Aber heimlich frage ich mich, was sie an so einem Abend an Geld auf dem Pier in Brighton lassen – billig ist da auch nichts, es sieht nur so aus.

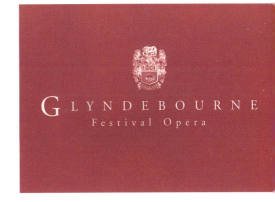

Oper ist gigantisch teuer. Und das trotz beeindruckender Sponsoren. Warum Oper, wenn sie so teuer ist und wenn doch alle kein Geld haben? – Erstens haben sehr viele sehr viel Geld, und zweitens: Weil Oper eben auch so gigantisch wunderbar ist. Nichts erreicht uns mehr, kein Bild, kein Buch, keine Sonate. Oper, das ist das geballte Kraftwerk der Schönheit, der wundervollste Anachronismus, den es gibt, ein Orchester, eine Bühne voller Farben und Dekorationen, Sänger mit großen Stimmen, die großen Gefühle, alles, was uns zu Boden schlägt mit seiner Wucht, um uns dann wieder aufzubauen. Oper, das ist die ganz große, die letzte mögliche Liebe. Oper ist Leidenschaft, die nie verbrennt.

Musik zu hören, Bilder anzusehen, Bücher zu lesen – das gehört zu unserer Kultur. Verwechseln wir nur ja nicht immer Wissen mit Bildung, die Pisa-Diskussion neigt dazu. Wissen kann ich mir im Internet, in Lexika, an jeder Ecke besorgen. Bildung wächst wie Wurzeln von Kindheit an in uns: Bildung, das ist Malerei, Musik, Literatur. Bildung ist das Sich-Einlassen auf das unsichere Gelände der Kunst. Bildung ist Charakter. Und zur Bildung gehört die Oper, diese alte wunderbare Kunstform, die so schwer ums Überleben kämpft und an der immerzu gespart werden soll. Millionen fließen unter korrupten Kölner Stadt»vätern« in irgendwelche lukrativen Müllkanäle, aber bei der Oper müssen wir um jeden Pfennig kämpfen. Gäbe es nicht Sponsoren zum Beispiel für die Kinderoper in Köln, ein weltweit einzigartiges Unternehmen, das seit nunmehr zehn Jahren Kindern Musik des 20. Jahrhunderts äußerst erfolgreich nahebringt, dann hätte der Kaiser keine Krone, der Tausendfüßler keine dreißig grünen Gummistiefel, die Königin keinen roten Samtmantel. Und die Kinder keine unvergessliche Aufführung, die ihr Leben prägt, so wie die Oper mein Leben für immer prägte, als ich ein Kind war. Die Jungens auf dem Ballermann-Pier von Brighton hatten diese Chance nie.

Festivals leben von Sponsoren. Es gibt eine Menge Geld, erwartet werden dafür eine Menge Aufführungen. Die Symbiose von Kunst und Geld ist nicht ehrenrührig. Beide Seiten haben etwas davon. Die Geldgeber werden namentlich in schönen Programmheften genannt, kriegen ein Kartenkontingent und sind dabei, und die Kulturschaffenden können freier atmen, planen, spielen, man kann bessere Künstler engagieren. Gefährlich wird es erst, wenn der Sponsor reinreden will und etwa verlangen würde, dass Anna Netrebko ein bisschen nackter wäre als in Mozarts züchtigem Salzburger »Figaro«. Sponsorentum ist nicht die Rettung für die Kunst, aber eine große Hilfe, doch öffentliche Mittel müssen bleiben und müssen aufgestockt werden, wollen wir nicht in Provinztheatern und Operettentristesse in Bahnhofszelten versinken.

Und nun also Glyndebourne, was erwarten wir? Das, was wir zunächst auch sehen: ein altes, durch und durch vornehmes Herrenhaus in Sussex, seit Generationen im Familienbesitz der Auktionärsfamilie Christie. Ein Opernhaus, dezent auf die grüne Wiese gebaut. Schafe auf dieser grünen Wiese, die keine grüne Wiese ist, sondern eine klug angelegte englische Parklandschaft. Reiche Menschen in schönen Kleidern mit gut gefüllten Picknickkörben. Viel Alter, wenig Jugend. Und die bange Frage: Wird die Musik, wird die Oper Beiwerk zum Picknick sein oder wird die Musik bestehen und sogar die Bombendrohungen und die Strapazen der Anreise vergessen lassen? Schafft sie das alles?

Ach, mühelos. – Händel, »Julius Cäsar in Ägypten« wird gespielt – »Giulio Cesare in Egitto« –, fünf Stunden Musik, dazwischen anderthalb Stunden Picknick. Fünf Stunden Zauber und Glück, fünf Stunden große Musik ohne eine Sekunde der Über- oder Unterforderung. Dankbarkeit für so viel Schönheit. George Bush? Irgendwann vergessen für immer. Tony Blair? Jetzt schon vergessen. Julius Cäsar? Sein Reich ist auch untergegangen, wie das von Kleopatra. Händel? Er hatte keinen einzigen Soldaten, sagt Floros, und siehe da: Sein Reich besteht nach dreihundertfünfzig Jahren noch immer. Das Reich der Kunst, der Musik. Es ist das Einzige, was bleibt, davon bin ich fest überzeugt, das

Man gibt sich leger bei Champagner und Sahneerdbeeren

Einzige, was zählt, das Einzige, was uns retten kann in diesem Irrsinn an Brutalität, Machtgier, Dummheit, Intoleranz, Hässlichkeit, Billigkeit. – Fünf Stunden grandiose Musik, kostbare Kostüme, großartige Stimmen, liebevolle Inszenierung, ein Fest für die armen geprügelten Sinne, reine Emphase.

Jedes gnostische Kritikergemäkel verblasst. Wir haben uns angewöhnt, alles auseinanderzunehmen und zu zerlegen und misstrauisch zu beäugen und zu hinterfragen bis zum Gehtnichtmehr, und wir haben verlernt, zu fühlen, zu sehen, zu hören, zu genießen, unser Herz zu öffnen. Natürlich gibt es immer irgendwas auszusetzen. Na und? Das gibt es sogar am Geliebten, an der Geliebten. Deshalb stelle ich aber doch das Ganze nicht infrage, deshalb schreibe ich nicht Kunstwerke, einzelne Aufführungen, ganze Opernhäuser oder Theater ewig mäkelnd in Grund und Boden aus reiner Lust am Fertigmachen, schönen Gruß nach Köln.

Wer will denn ernsthaft bestreiten, dass man sich Kunstwerken durchaus intellektuell und analytisch nähern muss? Und doch reagieren wir als Zuschauer auch affektiv, da erreicht etwas ganz unmittelbar

129

Bewegung in den Pausen,
der Park ist groß genug

unser Gefühl. Die Italiener – neulich auf dem Verdi-Festival in Parma – lassen es raus. Wie ich jetzt gesehen habe: die Engländer auch. Nur in Deutschland sitzt der halbgebildete Intellektuelle mit verkniffenem Mund auf dem Stuhl und fürchtet sich vor Hingabe: Er könnte sich ja blamieren. Wer je gehört hat, mit welcher Begeisterung, Kraft, Inbrunst die Italiener in den sonntäglichen Messen singen und wer sich dann an das verbissen-verschämte deutsche Choralgeknödel erinnert, der weiß, was ich meine. Ich habe erbittert einen Abend lang gegen Floros' These »die Deutschen können das nicht, die haben nicht diese elegante Leichtigkeit« gekämpft, aber ich strecke die Waffen: Er hat recht. Dieser lebensprühende glyndebournesche Händel wäre in Deutschland nicht möglich. Wir würden die Nase rümpfen und den Ernst verlangen, zu dem uns Schopenhauer, Kant, der unselige Adorno in der Kunst verdonnert haben, im Leipziger Gewandhaus steht's ja eingemeißelt auf der Wand: »Res severa verum gaudium« – die Sache muss ernst sein, nur das ist wahre Freude. Geschenkt.

»Dieser lebensprühende glyndebournesche Händel wäre in Deutschland nicht möglich.«

In der deutschen Oper sitzen die Kenner, und die dulden keine Freude. Es muss zerquält sein. Wehe, neue Musik zeigt Tonalität, wehe, alte Musik wird nicht ganz ernst genommen. Das möchte ich bei uns mal sehen, dass Kleopatra zu Händel erotisch tanzt, dass Cäser und Ptolemäus ein Ballett hinlegen, das den Eiertanz der Macht zeigt, zwei schwer bewaffnete Countertenöre girren in Menuettschritten umeinander herum, und es ist unsäglich komisch, tief bedrohlich und zugleich atemberaubend elegant und sinnlich. Und nie, nie zerstört es die Musik. Die Musik muss immer ernst genommen werden, das ist oberstes Gesetz in der Oper. In Glyndebourne weiß man das. In Deutschland könnte man es mal wieder lernen, dann wären die Opernhäuser nicht so leer. Aber hier regiert ja die Unsitte, Prominente aus Film und Fernsehen inszenieren zu lassen, die freimütig bekennen, ja, Theater interessiert mich schon irgendwie, aber von Oper hab ich im Grunde keine Ahnung. So sieht das dann auch aus. Zur Premiere strömt das Publikum noch, um den Prominenten zu sehen und lustvoll auszubuhen, bei der zweiten Vorstellung ist das Theater noch halb voll, bei der dritten …

Ich schreibe mich in einen Zornesrausch. Ich wollte von Glyndebourne erzählen. Ich habe jetzt schon vergessen, wer inszeniert, wer gesungen hat. Die Namen sind nämlich nicht so wichtig wie das, was auf der Bühne passiert. Die Namen kann ich nachschlagen. Die Kraft, die von der Bühne kam, bleibt in mir. (Ich weiß nur noch, dass die schöne, verbissene Emmanuelle Haim Händel dirigiert hat, mit den Fäusten, mit ganzem Körpereinsatz, seltsam, es klang aber besser, als es aussah.)

... sitzt der Schmuck noch richtig?

Der Pier von Brighton

»Julius Cäsar« ist kein allzu oft gespielter Händel, obwohl gerade Händel es in Deutschland noch gut hat gegen andere, fast vergessene Komponisten. Glyndebourne, einst angetreten als Mozarttheater, gräbt immer wieder Abseitiges aus. Auch das ist zu loben. In Köln, Bonn, Düsseldorf laufen gleichzeitig die Fidelios, Cosís, Barbiere, als gäbe es auf so engem Raum nichts anderes, als wären Absprachen beim Bekannten nicht möglich, Ausgrabungen von Unbekanntem ehrenrührig. Köln bemüht sich wenigstens um die zeitgenössische Musik, vergibt sogar Kompositionsaufträge und muss sich von der lokalen Kritik dafür prügeln lassen. Ignorieren, weitermachen! Nur so kann es weitergehen mit der Oper, und auch in Glyndebourne folgte auf Händel dann am nächsten Tag immerhin Prokofiev, ein Klassiker der Moderne. Das Publikum: deutlich jünger. Das Stück: eine äußerst banale Posse, »Betrothal in a Monastery« – Verlobung im Kloster, blödsinnige Verwechslungsgeschichte, aber wie witzig auch hier die Aufführung! Wie viel Kraft in der Musik, wie viel Spielfreude auf der Bühne, wie viel Augenzwinkern über den dicken Fischhändler, der sich einbildet, das schöne junge Mädchen zu kriegen, das längst mit einem andern auf und davon ist! Ich hatte mir die Oper zu Hause auf CD angehört und Schlimmes befürchtet. In Glyndebourne lebt sie – die Zuschauer lachen, reagieren, sind glücklich, es ist im großen Raum mit tausendzweihundert ausverkauften Plätzen eine herrlich ausgelassene Stimmung, wie es früher mal die Regel war bei Opernbesuchen. Natürlich war Oper zunächst eine Sache fürs Elitepublikum, aber gerade im Ursprungsland Italien wurde sie schnell zur Massenunterhaltung, man sang die Arien im Publikum mit, was gefiel, wurde wiederholt – »Da capo!« –, wenn es nicht gefiel, warf man Kartoffeln und Tomaten auf die Bühne, die Knaben aus dem Chor fingen sich von der Primadonna schon mal eine Ohrfeige ein, wenn sie zu frech wurden – in alten Büchern kann man staunend über das sinnliche Vergnügen eines Opernbesuchs nachlesen, bis hin zu erotischen Abenteuern in den Logen. (Ach, wäre das schön!)

»Was nach Vergnügen riecht, muss gemieden werden. Kunst muss wehtun.«

So ist es nicht mehr, so muss es ja auch nicht mehr sein. Aber ohne jede Gefühlsregung dumpf und muffig auf dem Stuhl zu sitzen, um sich in der Pause endlos und schon schlecht gelaunt für ein Glas Weißwein anzustellen, das kann es auch nicht sein. In Glyndebourne tankt man in der langen Pause Leib und Seele auf, und auch nach der Vorführung, auch nach vier, fünf Stunden brechen nicht etwa alle sofort auf. Man sitzt immer noch, auf dem Rasen, an mitgebrachten Tischchen, auf Mäuerchen und Decken, trinkt den Rest Champagner und diskutiert über die Aufführung, und ich ernte Applaus, als ich Kleopatras Arie »Si pietà per me non senti, giusto ciel', io morirò!« versuche. Ja, rufen sie, war es nicht wunderbar? Es war wunderbar, und wir unten haben denen oben das gezeigt, immer wieder, und es kam als Funke zurück. So muss, so kann es sein in der Oper. Nur bei uns, Floros hat recht, hat Genuss immer mit Verzicht, mit Schuldgefühl zu tun. Es darf nicht gefallen, für Gefallen muss ich mich sofort kasteien. Gefallen heißt: mittelmäßig fühlen, denken, sein. Was nach Vergnügen riecht, muss gemieden werden. Kunst muss wehtun. Zum Teufel mit all dem.

Vielleicht müssen wir einfach wieder lernen, uns dankbar und beglückt der Kunst, der Oper zuzuwenden und nicht alles zum Weihefestspiel zu gestalten. Hier das Erhabene und da das Triviale – muss man es derart trennen, dass es endet beim billigen Flachsinn des Piers in Brighton? Da waren viele, die auch ihren Spaß in der Oper gehabt hätten, aber vielleicht wissen sie nicht mal, dass es so was gibt. In meiner wirklich großen Bekanntschaft, in meinem Freundeskreis finde ich kaum jemanden, der mit mir in die Oper geht. Und schaffe ich es doch mal, öffnet sich eine Tür, kommt ein Erstaunen: So schön? Das haben wir nicht gewusst. (Ähnlich empörend ist der Satz: »Ich beneide Sie, ich

Bunt, laut, billig: Unterhaltung am Strand

Man spielt Krocket,
vorher oder in den Pausen

komm gar nicht mehr zum Lesen.« Wer es braucht, tut es, so einfach ist das, ob mit dem Lesen oder mit der Oper.)

Was wissen wir denn noch? Nur das, was sich leicht täglich im Fernsehen und im Rummel der verkitschten Fußgängerzonen anbietet. Und die Gnostiker unter unseren Kritikern tragen nicht dazu bei, dass sich das ändert, dass Begeisterung geschürt wird. Das wäre aber mal »ein Ziel, aufs Innigste zu wünschen«. (»Hamlet«)

»Die Welt ist in keinem guten Zustand. Die Kunst ist es. Noch.«

Der Grundgedanke bei der Gründung der Oper in Glyndebourne war die Liebe eines Mannes zur Musik und zu seiner Frau, die Sängerin war. Er baute ihr und sich und ihren Freunden ein Haus, das im Laufe der Jahre immer größer, immer wichtiger wurde, er öffnete seinen Park für Musikliebhaber, er lässt bis heute – nunmehr siebzig Jahre lang – in dritter Generation Wildfremde an seiner Liebe und Freude teilhaben. Wir können uns nur bedanken und verneigen. Der ganze Wahnsinn der Politik war am nächsten Morgen auf dem Londoner Flughafen wieder da: endlose Verspätungen, scharfe Kontrollen, blank liegende Nerven. Wir hatten einen Schatz in uns, den uns keiner nehmen konnte. Kraft, Ruhe, Dankbarkeit, Schönheit, Klang, Glück. Die Welt ist in keinem guten Zustand. Die Kunst ist es. Noch. Und gerade Musik versöhnt, bricht auf, heilt, irritiert, macht wach, macht durchlässig. Macht uns zu Menschen. »Nur musikalische Ekstase gibt mir das Gefühl der Unsterblichkeit«, schreibt der rumänische Philosoph E.M.Cioran. E. steht für Emile, M. für Mensch. Der Urgrund aller Musik, aller großen Kunst überhaupt ist die Sehnsucht nach dem Unerreichbaren – vom österreichischen Komponisten Ernst Krenek stammt dieser schöne Gedanke. Das, wonach wir uns in unserm Leben und Lieben so unendlich weh sehnen, das gibt es nicht, wir wissen es ja. Aber diese Sehnsucht ist es, die uns weitertreibt, arbeiten lässt, suchen lässt, fühlen und Mensch sein lässt. Mit dem Kopf allein ist das alles nicht zu ertragen. Oper, sagt Manuel Brug, muss überwältigen. Musik ist weniger greifbar und mehr überwältigend, weil unmittelbarer als jede andere Kunst. Orpheus weckt die tote Eurydike und holt sie mit seiner Musik aus der Unterwelt zurück – der Urmythos, der erste Stoff der Oper. Und nicht mal Orpheus traut der Sache. Er dreht sich um, ob sie auch wirklich hinter ihm ist, und da ist sie weg für immer. Hätte er die Musik mal machen lassen! Die kann Tote wecken, am Jüngsten Tag, heißt es ja, werden es die Posaunen sein. Ich freu mich drauf, nur zu. Macht ordentlich Krach, übertönt das Gesäusel in Flugzeugen, Restaurants, Fahrstühlen, zeigt ihnen, was Musik WIRKLICH ist. Lebensrettend. Aufrüttelnd. Kostbar.

Es müsste danach gestrebt werden, dass das Publikum seine Oper wieder liebt. Altes müsste bewahrt, Neues behutsam eingeführt werden.

Szene aus Händels
»Julius Cäsar in Ägypten«

135

In der Nähe von Glyndebourne

Keine Seichtheit, bewahre, kein bequemes Sichzurücklehnen, schon ein Fordern, aber mit Lust, Liebe, Leidenschaft. Ohne Interpretationswut und Seziererei. Ohne das Bedürfnis, NOCH schockierender zu sein. Nichts muss harmonisiert werden, aber Nacktheit, Blut, Sperma, Nazistiefel waren jetzt genug auf deutschen Bühnen zu erleiden. In Glyndebourne kann man besichtigen, wie es auch anders geht, ohne seicht zu sein. Schwerer werden, leichter sein, sagt Paul Celan. Begreifen, welches Geschenk wir in der Musik, der Oper haben, und das Geschenk liebevoll und zärtlich behandeln. Tausend Menschen lauschen im Dunkeln einer einzigen menschlichen Stimme und sind gerührt und einander dadurch verbunden. Sie geben sich hin, und Hingabe macht verwundbar. Und wo die Wunde ist, ist die Durchlässigkeit, »there's a crack in everything, that's how the light get's in«, singt Leonard Cohen. Die Stelle, an der das Lindenblatt liegt. Wo wir nicht verhornt sind. Da erreicht uns die Oper, zum Sterben schön. Ich musste erst nach Glyndebourne fahren, um das endlich wieder tief zu spüren.

Ich habe auch in Deutschland herrliche Inszenierungen gesehen, aber die sinnliche Lust am Spielen, die fehlt schon lange und fast überall. Und eine gewisse Großzügigkeit des Herzens. Lasst uns doch alle zusammen im dunklen Opernhalbrund sitzen, die echten Kenner, die kritischen Kritiker, die arglosen Genießer, die neugierigen Anfänger, ohne Verachtung füreinander, nur mit dieser Freude, der Musik zuzuhören.

»Die Gesellschaft verzeiht oft dem Verbrecher, niemals aber dem Träumer. Die schönen, zweckfreien Stimmungen, die die Kunst in uns weckt, sind ihr verhasst.« Oscar Wilde hat das gesagt, und manchmal wird man den Eindruck nicht los, als wollten sich Politik und Kritik hierzulande der Träumer ein für alle Mal entledigen. Lächerlich machen, zu Tode sparen, abservieren. Bücher retten mich, sie haben Worte für die Erfahrungen anderer. Musik definiert mein ganzes Leben, sie formuliert wortlos meine eigenen innersten Erfahrungen. Literatur besteht aus Sprache. Sprache ist Rhythmus. Musik, sagt Urs Widmer, ist Struktur gewordene Emotion. Musik ist der Traum, den ich vom Leben träume. Ich bin sehr wach, während ich träume.

Ich will nicht alles erklärt kriegen. Ich will nicht alles analysiert und aufgedröselt kriegen. Es gibt Erfahrungen, die will ich denken UND fühlen. »Wenn mein Denken und Fühlen nicht bereichert wird, ist das doch wahnsinnig uninteressant«, sagte der scheidende Stuttgarter Opernintendant Klaus Zehelein kürzlich in einem Interview. Sein Theater war immer voll. Glyndebourne ist immer rappelvoll. Warum wohl? Weil man sich dort der Kunst sicher ist. Und das Publikum reagiert auf diese Sicherheit und kommt. Es kommt auch bei neuer Musik, die keine Angst vor Tonalität und Sinnlichkeit hat. – Es war wunderbar in Glyndebourne. Mein Kampfgeist ist enorm gestärkt.

August 2006

Englische Südküste bei Brighton

LOCH NESS

Nessi von Loch Ness

Die Redaktion eines Reisemagazins gab mir, Tom Krausz, den Auftrag, eine amüsante Geschichte über Loch Ness zu fotografieren und zu schreiben. Es ist eines der meistveröffentlichten Themen der Welt, und doch war es reizvoll, zu versuchen, ein Bild vom legendären Ungeheuer von Loch Ness beim Auftauchen aus dem tiefen dunklen See zu machen. Tagelang hockte ich an seinen Ufern, und es wäre mir fast gelungen, hätte nicht der Auslöser geklemmt – gesehen habe ich es!

Luftblasen des Ungeheuers – taucht
es auf?

Für John MacLeod gibt es keinen Zweifel. Wenn, dann ist es nur in
der Dämmerung zu sehen, und zwar im Norden. Das sieht MacEvern
aber ganz anders! Frühmorgens bei Invermoriston – dort ist es am
kühlsten, und schließlich ist es kein Warmblüter. »Noch ein Pint of Lager?« – Mary, die Kellnerin, wartet die Antwort gar nicht erst ab – noch
ein Pint für jeden. Scott Jameson will es sogar schon gesehen haben,
beim Angeln. Die drei Schotten reden von Nessi, dem sagenhaften Ungeheuer von Loch Ness, und ein Pint of Lager ist ein großes Glas Bier.

Schottische Seen werden *Loch* genannt, Loch Ness ist der größte und
sehr, sehr tief. Das Empire State Building passt an der tiefsten Stelle
hinein, und das hat immerhin eine Höhe von dreihunderteinundachtzig
Metern! Mary bringt die Biere, MacEvern trägt gerade seinen zoologi-

schen Vortrag vor über die Zugehörigkeit Nessis zu den Reptilien. Seine Theorie: Nessi, das Ungeheuer, sei ein Kiemenatmer, braucht aber hin und wieder Luft, ähnlich den Walen! »Never!«, brüstet sich Jameson und schwört auf die Fisch- oder Kaltblütertheorie. »Fische gucken schließlich auch vereinzelt aus dem Wasser!«, meint er.

»Selbst Ungeheuer werden kaum über tausend Jahre alt.«

Das Old Grouse Inn am Loch Ness ist ein Pub, in dem sicher die zweithäufigste Frage der Welt, ob es Nessi gibt oder nicht, regelmäßig diskutiert wird. Die andere Frage ist die mit den Kilts, ob der Mann was drunter trägt oder nicht? Die drei Schotten im Old Grouse Inn wollen jetzt kein Bier mehr. »What about some Whiskys?« – Unaussprechliche Markennamen schwirren durch das Pub: *Bunnahabhain*, *Strathislah* oder *Dalwhinnie*. Whisky heißt übersetzt »Das Wasser des Lebens« und gehört einfach dazu. Seit dem sechsten Jahrhundert weiß man, dass es Nessi gibt, die damaligen Mönche behaupteten es jedenfalls. Sie fertigten Zeichnungen vom Ungeheuer an und tranken ihre Branntweine. Sicher ist eines: Selbst Ungeheuer werden kaum über tausend Jahre alt. Es muss eine Fortpflanzung gegeben haben. Also gab oder gibt es zwei Tiere in den Tiefen des Sees. MacLeod findet diese Theorie mittlerweile vollkommen logisch – »Cheers!«

Monstershow in Drumnadrochit

Auf Spurensuche. Wie die starken Winde eines Orkans peitscht der Sturm über Loch Ness. Die Schaumkronen tanzen wild auf und ab. Einige mutige Segler fordern den wilden See trotzdem heraus. Wie Nussschalen werden die kleinen Boote umhergeschleudert. Ein Sightseeing Boat der Jacobite-Cruiser-Tours passiert gemächlich die Segler, und Touristen an Bord winken den Freizeitkapitänen lustig zu. Nessi zeigt sich nicht. Ein Dudelsackpfeifer muss her! Vielleicht ist Nessi ja verwandt mit indischen Schlangen und lässt sich mit altschottischen Weisen hervorlocken. Ich versuche es in der Urquart Bay nahe dem Örtchen Drumnadrochit, wo Mr. McGregan seit Jahren den Dudelsack spielt, umringt von unterschiedlichen Touristengruppen.

Dann, plötzlich, Luftblasen tauchen auf, höre ich ein Blubbern? Kommt es zur Sensation? Was sagte MacEvern? Die Ostseite bei Foyers ist am kühlsten oder eher bei Drumnadrochit, wo die offizielle Nessi-

Aufgestellte Fernrohre zur besseren
Nessi-Beobachtung

Ausstellung mit viel moderner Technik und noch mehr alten Fotos zu
sehen ist? Unaussprechlich wieder, der Name des Forschungszentrum
Drumnadrochit. Hier dreht sich alles um das Monster. Jeder Bier-
deckel, jede Kaffeetasse, jeder Sonnenschirm ist mit einem Nessi
bedruckt. Vermutlich trägt auch der dudelsackspielende McGregan
unter seinem Kilt Nessi-bedruckte Boxershorts. Kaum zwei Meilen
weiter südlich liegt die Ruine Urquart Castle. Es ist eine nationale schottische Kulturstätte und sehr touristisch. *Very old stones*! Der nächste Bus
kommt schon. »Yes, come and visit our *castle shop*!« – Der Guide an
der Parkplatzeinfahrt regelt dirigentenhaft den Ansturm der Massen.
Würde jetzt einer der Besucher »Nessi!« rufen, hätte die Schlossruine
Schlagseite Richtung See.

Kann es nicht endlich einmal regnen? Sicher ist Nessi verwandt mit
den Fischen, und diese lieben es ja, bei Regen an die Wasseroberfläche zu kommen. Ich stehe in Dores, einer weiteren kleinen Ortschaft
am Loch-Ende im Norden. Es ist acht Uhr morgens, und eben hat
ein Servicetechniker das gebührenpflichtige Fernrohr repariert. Es
könnte doch sein …

Dudelsackbläser in der Urquart Bay

Dores ist klein und fein. Der Blick über Loch Ness grandios. Das klare Wasser des Sees ist kalt. Noch fliegen keine Mücken herum, noch stehe ich alleine hier am Ufer. Totale Ruhe. Neben mir liegt ein kleiner weißer Aschehaufen, ein erloschenes Lagerfeuer. Sicher hat letzte Nacht eine Gruppe ganz hartnäckiger Nessi-Forscher hier bis tief in die Nacht am Ufer gewacht und jede kleine Wasserbewegung registriert. Seit 1933 ist sie wieder entflammt, diese Nessi-Manie. Ein Foto tauchte auf, auf dem Nessi zu sehen ist. Ein unscharfer Reptilienkopf, ein langer Hals, etwas vom Körper war zu erkennen. Das reichte. Ein mysteriöses Foto setzte die Welt in Bewegung wie seinerzeit die ersten Goldfunde am Klondike River. Miniunterseeboote wurden eingesetzt, und selbst auf jedem Touristendampfer ist heute ein Sonar- und Echolotgerät installiert. Jeder Quadratmeter des Seebodens wird auf diesen Fahrten überwacht.

Loch Ness ist der bekannteste See der Welt. Andere Seen mögen tiefer sein, größer, artenreicher oder spektakulärer liegen – Loch Ness kennt jeder Mensch zwischen Australien und Hintertupfingen. Außerdem ist der See das größte Frischwasserreservoir Großbritanniens.

143

Sturm über Loch Ness

Der Afternoon-Tea ist somit für die nächsten fünfhundert bis tausend Jahre gesichert.

Fort Augustus am südlichen Ende lebt vom Caledonien Canal. Die Boote überwinden in der Fünf-Stufen-Schleuse insgesamt zehn Höhenmeter. Die Anlage ist wirklich alt, und längs der Schleusenanlage gibt es Fish'n'Chips, Gaelic Coffee, jede Menge Pubs und den Clansman. Ein kleines Gebäude, in dem es kurze, aber sehr beeindruckende Vorführungen gibt, wie der Highlander vor Jahrhunderten lebte. Interessant ist auch, erklärt zu bekommen, wie ein traditioneller Kilt gewickelt wird. Sieben Meter Stoff verdecken und wärmen nach wenigen Minuten Arbeit alles, was dem Mann wichtig ist.

> *»Die aufkommende Dunkelheit lässt mich Schatten erkennen,*
> *Geräusche hören, dort drüben und überhaupt,*
> *der ganze See ist in Bewegung.«*

Wieder einmal sitze ich stundenlang am Ufer des Loch Ness und starre auf die Wasseroberfläche. Neben mir mein Begleiter Macallan. Nichts tut sich. Schläft Nessi gerade? Wie lange und wie oft muss ein Ungeheuer überhaupt schlafen? In diesem Punkt hinkt die Forschung doch noch mächtig hinterher. Macallan ist noch bei mir – es wird kalt. Ich blinzele mit den Augen, und das Spiel der Wellen macht müde. Die aufkommende Dunkelheit lässt mich Schatten erkennen, Geräusche hören dort drüben und überhaupt, der ganze See ist in Bewegung. Oder sind es alles nur Einbildungen? Visionen? Der Whisky, Marke Macallan, schmeckt so alleine auch nicht mehr. Ich packe meine Sachen und ziehe ab. Für heute. Sicher treffe ich die drei Schotten wieder in ihrem Pub. Morgen komme ich wieder und werde MacLeod, MacEvern und Jameson beweisen, wie recht sie haben. Das ungeheuerliche Monster von Loch Ness lebt bestimmt und muss nur endlich einmal länger auftauchen.

Text: Tom Krausz, Juni 2002

oben: Nessi-Filmer auf Loch Ness
links oben: Dudelsackbläser auf den Highland Games in Drumnadrochit
links unten: Nessi-For-Sale-Wohnmobil am Ufer in Dores

147

EMILIA-
ROMAGNA

Viva Verdi! in Norditalien

Auf den Spuren von Giuseppe Verdi fuhren wir durch Norditalien, und jeden Abend besuchten wir in einer anderen Stadt die Oper – Mailand, Parma, Florenz –, was für ein Luxus! Und wie wunderbar, Verdi wirklich in jedem kleinen Ort noch anzutreffen: Hotels, Straßen, Restaurants heißen nach ihm, wir fanden ihn auf Salami, Zuckertüten, Shampoo. Und natürlich: in seinen Melodien, die allgegenwärtig sind.

Es fing schon gut an, das Flugzeug nach Mailand hieß »Rigoletto«, darunter der Name des Komponisten: Giuseppe Verdi. Und an Bord war ein vergnügtes Jugendorchester mit seinen Instrumenten. Tom und ich trafen uns in Mailand, fuhren mit dem Mietwagen in die Stadt, und auf allen großen Wänden wurde plakatiert für Eros Ramazotti. Den mag man oder nicht – seine nervige Stimme hat für mich mit Eros nicht viel zu tun; aber damals, vor mehr als hundertfünfzig Jahren, stand auf Mailänder Mauern: Viva Verdi! Und da war auch nur bedingt Verdi gemeint – es war ab 1859 der getarnte Kampfruf der Italiener gegen die Besetzung durch Österreich:

Vittorio **E**manuele **R**e d'**I**talia! – Der König soll eingesetzt werden! Und da man das so nicht schreiben durfte, schrieb man es in unver-

Der Arno fließt durch Florenz

dächtiger Abkürzung, und Verdi, dem patriotischen Italiener durch und durch, gefiel es so.

In Mailand ist die Scala, an der so viele seiner Opern aufgeführt wurden, in Mailand ist das Konservatorium, das einst den Bauernjungen aus Roncole wegen zu schlechten Klavierspiels ablehnte, in Mailand ist das Grand Hotel, in dem er starb. Die Straße an der Oper heißt nach ihm, und auch die Via Arrigo Boito, benannt nach seinem letzten und besten Librettisten, führt direkt zur Scala. Natürlich hängen die Plakate zu seinen Opern im Treppenaufgang, natürlich gibt es seine Büste, und natürlich denke ich dauernd an ihn, obwohl ich an diesem Abend in der Scala Rachmaninow, Henze und Strawinsky höre. Er ist überall. Seine kiloschweren Partituren liegen hier unter Glas, und Schulkinder beugen sich andächtig darüber. Das Konservatorium heißt heute nach ihm, aber den Makel, ihn abgelehnt zu haben, werden sie nie wieder los. Studenten schlurfen in Turnschuhen mit Geigenkästen unterm Arm durch die ärmlichen Gänge, zum Renovieren fehlt das Geld, alles bröselt und muffelt ein bisschen trist vor sich hin, aber aus allen Übungszimmern klingt herrliche Musik. Später, im Bistro in der Nähe, geht draußen ein zarter kleiner Herr mit etwas längerem grauem Haar und scharfer Adlernase vorbei, und wir halten die Luft an und sagen: »Das war er! Da ging Verdi!«

»Ich kaufe alte Libretti, Verdis Opern in einer Serie von Liebigs-Fleischextrakt-Bildchen, alte Postkarten, Fächer mit Noten«

In der »Casa di Riposo per musicisti, Fondazione Verdi«, dem Altersheim für Künstler, das er stiftete und in dessen Hof er zusammen mit seiner zweiten Frau begraben liegt (an die erste erinnert eine Gedenkplatte), sehen wir später seinen Zylinder, seinen Frack, schmal, für einen zarten Mann gemacht.

Im prächtigen Grand Hotel, das noch Grandezza hat und in dessen pompöser Halle uns die schöne Charlotte Rampling entgegenkommt, zeigt man uns die Suite Nr. 105, in der er starb, und schenkt uns einen schönen Bildband. Überhaupt sind alle Menschen, die wir nach Verdi fragen, freundlich und geben uns strahlend und aufgeschlossen jede Auskunft, jede Hilfe: Wir bekommen Broschüren geschenkt, Wege gewiesen, dürfen verschlossene Konzertsäle besichtigen, und in den Antiquariaten bauen freundliche Händler ganze Pappkartons mit Verdi-Devotionalien vor mir auf. Ich kaufe alte Libretti, Verdis Opern in einer Serie von Liebigs-Fleischextrakt-Bildchen, alte Postkarten, Fächer mit Noten, Glaskugeln, die meine Briefe nun beschweren und auf denen steht: *Viva Verdi*.

»Wen lieben Sie mehr«, fragt mich ein paar Tage später bei den Verdi-Festspielen in der schönen Oper in Parma ein Spanier, der neben mir sitzt, »Wagner oder Verdi?« »Verdi«, sage ich, und er strahlt und teilt seine Pfefferminzbonbons mit mir. »Ich auch«, sagt er und erzählt, dass er um die ganze Welt reist, nur um überall Verdis Opern zu besuchen. Wir stellen uns vor, dass im Himmel Bach und Gott nebeneinandersitzen, Verdis Musik hören und dass Bach zu Gott sagt: »Der ist dir verdammt gut gelungen«, und Gott sagt ein wenig eitel: »Ja, nicht wahr?«

Wir sehen und hören den »Troubadour«, den Verdi hier in Parma (wo er auch kurze Zeit als Abgeordneter im Parlament saß) selbst dirigiert hat. Alle alten italienischen Opernhäuser ähneln sich: der hufeisenförmige Raum, mal drei, mal vier oder gar fünf steile hohe Ränge, viel Gold, rote Sitze, immer der riesige venezianische Lüster in der

Alte Libretti, erstanden in einem Mailänder Antiquariat

152

Verdi-Zimmer im Grand Hotel
in Mailand

Hotellobby im Mailänder Grand Hotel

Mitte, Engel und Rosen an den Decken, entzückende kleine Lampen an den elfenbeinfarbenen Logen. Nur im La Fenice in Venedig ist der schwere Bühnenvorhang aus grünem Samt mit dem venezianischen Wappen. Sonst: Roter Samt dominiert.

Mein spanischer Nachbar summt die Arien leise mit und ist selig. Die Geschichte: eine ziemliche Klamotte über Zigeuner, Rache, Männerehre, die Musik: stark, leidenschaftlich, gewaltig, so als wäre sie direkt aus dem Volk gewachsen. Das war Verdis Stärke. Hier spüre ich es ganz deutlich: Seine Musik ist tief italienisch, ist da verwurzelt, wo sie gespielt wird. Wer singt in Deutschland Wagner? Italienische Hausfrauen und Pizzabäcker trällern »La donna è mobile« oder »Va, pensiero«, den Gefangenenchor aus »Nabucco«, Italiens heimliche Hymne. Verdi hat immer versichert, dass man unter italienischem Himmel keinen Tristan komponieren könne, und als er in Wien »Lohengrin« gehört hatte, schrieb er in einem Brief:

»Diese Musik ist in deutscher Umgebung gut. Bei uns nicht. Aber in Deutschland geht sie immer. Kaum öffnet sich der Vorhang, erlöschen die Lichter, und man befindet sich im Dunkeln wie die Wachteln. In dieser Finsternis, in dieser verbrauchten Luft sitzt man in der gleichen geistigen Lähmung, in der diese Musik dahinschreitet.«

Trotzdem hat Verdi natürlich Wagners Genie erkannt und war erschüttert bei dessen Tod. Wagner hingegen nannte die italienische Musik insgesamt abschätzig »Donizetti & Co.«, der Name Verdi soll nie über seine Lippen gekommen sein.

Das Publikum in Parma kennt jeden Ton. Es stöhnt, wenn etwas danebengeht, es jauchzt, wenn es gut läuft, und als die Sängerin der Leonora zum Applaus auf die Bühne kommt, kniet sie sich hin, um den Hagel von Buhrufen klein zu halten. Sie hatte heute einen sehr schlechten Tag und weiß das, und sie büßt, tief verbeugt, die Hand auf dem Herzen. Es ist ergreifend, und die Buhs ebben ab. Die Italiener lassen nichts durchgehen, können aber verzeihen. Marcelo Alvarez als Manrico wird gefeiert.

Verdi-Denkmal in Parma

Wir fühlen uns wohl in Parma. Es ist eine kleine, überschaubare Stadt zwischen dem Apennin im Süden und dem Po im Norden. Der Stadtkern ist alt, prächtige Kirchen und ein Gouverneurspalast dominieren das Bild, der schmale Fluss Parma bietet kühle Brise an heißen Tagen, und über das schauerliche Verdi-Denkmal mitten auf grüner Wiese können wir nur lachen: Es zeigt einen entnervten Maestro, umgeben von zwanzig oder mehr nackten und halbnackten Frauen, die verzweifelt die Hände ringen, ihm etwas ins Ohr zu rufen scheinen oder wie tot am Boden liegen – all die unglücklichen Leonoren aus seinen Opern, die immerfort »Pace! Pace!« flehen oder »Addio! Addio!« schluchzen? Kult treibt immer auch lächerliche Blüten, dies ist eine.

Kirche S. Michele Arcangelo in Roncole Verdi

Von Parma aus fahren wir über Land, durch die Emilia-Romagna, Verdis geliebte Heimat. Diese Region ist etwa so groß wie Hessen, die Städte Piacenza, Bologna, Modena gehören dazu. Es ist flach, es ist weit, es ist grün, wir stellen uns Verdi in der Droschke auf den Landstraßen vor, immer unterwegs, nach Parma, Bologna, Turin, nach Genua, Paris, Petersburg, nach Rom, Neapel, Mannheim, Köln. Vielleicht Notenpapier auf den Knien? Vielleicht heimatlichen Schinken im Fettpapier dabei? Bestimmt mit Wein.

Sein Geburts- und Elternhaus in Roncole hätte man sicher längst abgerissen, wäre nicht eben hier 1813 der große Sohn Italiens geboren worden, im ersten Stock über der väterlichen Gastwirtschaft, in der, so sagt man, zur Stunde der Geburt reisende Musikanten sangen. Das bäuerlich einfache Haus war auch Poststation, die Kutscher wechselten hier die Pferde. Es lag an der Kreuzung der Straßen nach Fidenza, Cremona, Parma. Die Armen von Roncole brachten in Verdis Todesjahr 1901 eine Gedenktafel an – zum Dank, er hatte ihnen immer geholfen. Gleich gegenüber: die kleine Kirche S. Michele Arcangelo, auf der Orgel hat der junge Verdi gespielt, wurde entdeckt, wunderbarerweise gefördert von

Verdis Geburtshaus in Roncole Verdi

Antonio Barezzi aus Busseto, fünf Kilometer entfernt, und so hat alles angefangen. Barfuß soll er oft die fünf Kilometer nach Busseto gelaufen sein, um bei Barezzi Klavier zu üben. Der Domorganist Provesi hörte den Jungen dort, bildete ihn weiter, und in der Kirche von Busseto zünde ich für einen jungen deutschen Komponisten, der das Zeug hat, ein Verdi zu werden und wieder eine Musik zu schreiben, die die Herzen erreicht, eine dicke Kerze an. Man muss immer an die Musik glauben!

In Busseto erlebe ich das, was Dichter im Leben eines Menschen »den perfekten Augenblick« nennen, einen Moment tiefsten Friedens und vollkommener Schönheit. Ich sitze am Nachmittag bei milde einfallender Sonne (Franz Werfel nennt es in seinem bewegenden Verdi-Roman »sonnige Dunkelheit«) in einer ganz alten Bottega, in der schon Verdi saß. Ein selbst gemaltes Schild bittet den »pellegrino Verdiano« – den Verdi-Pilger – einzutreten. Dunkle Holzmöbel, an den Wänden Schinken und Porträts von Verdi, aus dem Lautsprecher ertönt Gildas wunderbare Arie »Caro nome« aus »Rigoletto«. Ein alter Mann bringt mir eiskalten Weißwein in einer weißen Porzellanschale, so trinkt man ihn hier, einen Teller mit Parmaschinken und Parmesankäse, ich esse, trinke, höre diese Musik, fühle, dass Verdi neben mir sitzt, und bin so glücklich, wie ich mir schon lange nicht mehr hatte vorstellen können glücklich zu sein. Was für ein herrlicher Beruf, der solche Augenblicke beschert!

Busseto hat natürlich ein kleines Teatro Verdi, aber der Maestro hat es nie betreten. Er fand es zu protzig. Er hatte überhaupt so seine Probleme mit diesem Busseto. Seine erste Frau stammte von hier, sie war die Tochter seines Gönners Barezzi. Er hat sie sehr geliebt und hat sie und die beiden kleinen Kinder durch eine Epidemie früh und tragisch verloren. Später kam er mit der Sängerin Giuseppina Strepponi hierher und lebte jahrzehntelang unverheiratet mit ihr. Wie wurde in Busseto getuschelt und gelästert! Spießig und kleingeistig fand er sie, diese Provinzler, aber sie nehmen es ihm heute nicht mehr übel und nennen alle Salate in der Pizzeria nach seinen Opern – ich esse »Don Carlos« mit Radicchio, gegrillten Auberginen und Zwiebeln.

»... und bin so glücklich, wie ich mir schon lange nicht mehr hatte vorstellen können glücklich zu sein.«

Die Casa Barezzi existiert als liebevoll ausgestattetes Museum, wir sehen Porträts, Noten, Briefe, Karikaturen, Kostüme, und freundlich und geduldig wird uns alles erklärt, was wir wissen möchten.

Am nächsten Tag tobt der Giro d'Italia durch Busseto, auf den Fensterscheiben Karikaturen: der weißhaarige Verdi feurig auf dem Rennrad. Er ist überall. Er ist im Hotel auf den Shampooflaschen und der Seife, im Café auf den Zuckertüten, bei Trödlern treibe ich Verdi auf Münzen, Briefmarken und Geldscheinen auf. In jeder Stadt, durch die wir fahren, gibt es eine Via Verdi, in jeder Via Verdi irgendeinen Laden, ob mit Wurst, Blumen oder Büchern, der sich nach ihm nennt, und natürlich gibt es in der Salumeria Verdi eine Dauerwurst, die wie heißt? Richtig. Salame Verdi. Giuseppe Verdi ist nicht nur mit seiner Musik total verwurzelt in der italienischen Seele. Er ist es mit allem – sie lieben den ganzen Mann, seine Heimattreue, seine bäuerliche Herkunft, seine Einfachheit. In Sant'Agata, nahe bei Busseto und Roncole, hatte er ein großes Landgut. Er hat selbst Schinken hergestellt, Landwirtschaft betrieben. Er ist ein Bauer geblieben, der lieber mit weichem Schlapphut und seinen Hunden durch die Wälder streifte, als im Zylinder auf Empfänge zu gehen. Gesellschaftliches Brimborium hat er gehasst, aber seine Opern hat er so oft wie möglich selbst inszeniert und dirigiert, darum war er so rastlos europaweit unterwegs. Aber immer wieder – über fünfzig Jahre lang – kehrte er nach Sant'Agata zurück, um sich zu erholen. Man kann das Haus teilweise besichtigen. Es steht ganz und gar im Grünen, ein prächtiges, aber nicht protziges altes Landgut, nicht sehr hoch, aber breit, mit vielen ineinandergehenden Zimmern. Die

Kornfeld mit Mohnblumen in der Nähe von Roncole Verdi

159

Außenwände sind himbeer- und ockerfarben, die Läden und Türen grün. Seine rührend kleinen Gartenstühlchen auf der Terrasse zeigen, wie zierlich er war. Das große, kühle Haus atmet noch seinen Geist, wir sehen sein kleines Bett, Bilder an den Wänden, Noten, Briefe auf den Schreibpulten, schwere Vorhänge gegen die Sonne. Hier lebte er mit der Strepponi und dem Hund Loulou und mit Giuseppinas Kakteen-

»Da ist sein Schreibtisch, auf dem er seine unendlich vielen Briefe schrieb, wir wissen von mehr als 25 000.«

sammlung und ihren grünen Papageien, die er hasste und die vielleicht seine Melodien pfiffen. Da steht das Piano, auf dem er die romantische Trilogie komponiert hat – »Rigoletto«, »La Traviata«, »Il Trovatore«. Da ist sein Schreibtisch, auf dem er seine unendlich vielen Briefe schrieb, wir wissen von mehr als fünfundzwanzigtausend. Mit den Librettisten korrespondierte er am häufigsten, überwachte jedes Wort, jede Nuance. Hier steht der Erard-Flügel, den er 1870 in Paris gekauft hat und an dem er »Otello«, »Falstaff«, »Aida« schrieb. Die Möbel aus seinem Sterbezimmer im Mailänder Grand Hotel wurden hierher gebracht. Das Bild, das ihn als über Achtzigjährigen zeigt, ist ergreifend. Was für ein Gesicht! Du wirst im Alter immer schöner, soll die Strepponi gesagt haben, und das stimmt ja für viele kluge, bis zuletzt geistig arbeitende Menschen.

In der Remise stehen noch fünf Kutschen, mit denen er fuhr, darunter der damalige Ferrari – ein Phaeton, fast drei Meter lang, fast drei Meter hoch, ein elegantes schwarzes Renngefährt für vier Pferde. Fünfzehn Diener wohnten oben im Haus, unten waren – mit freiem Zugang zum Garten – die Herrschaften. Garten? Tausend Hektar Land, hohe alte Bäume, Felder mit Weizen, Mais, Weinberge, auch Schafe wurden gehalten. Es ist unbeschreiblich friedlich hier. Wir fühlen, wie glücklich er hier gewesen sein muss. Wir sind es auch.

Wir haben Lust, uns die Bäder von Tabiano anzusehen, wohin Verdi oft flüchtete, wenn ihm der Rummel zu groß wurde. Wir landen in etwas, das auch Ceaucescu hätte erbauen können – zu Tode sanierter Plattenbau für Massenandrang. Ein verlorener Abend in grottenhässlicher Umgebung. Hier ging Verdi einst mit schwarzer Samtjacke und großem Hut über die Felder, einfach und schön soll es gewesen sein. Vorbei. Die eleganten Dandys, Puccini und D'Annunzio, badeten ein paar Kilometer weiter in Salsomaggiore – da sieht es in der Tat schon prächtiger aus. Aber aus der alten Therme ist ein Beauty-Center geworden, natürlich.

In Bologna will man uns nicht ins Teatro lassen, da sei gerade eine Veranstaltung. Es gelingt uns aber doch, uns hineinzuschmuggeln. Tom fotografiert das Theater, und ich lande in einem Saal voller zumeist älterer Zuhörer. Ein kleines Männchen, Mischung aus Groucho Marx und

oben: Giuseppe Verdis Kutschen auf seinem Landgut
links oben: Verdi, Schinken, Wein, Musik – italienische Gemütlichkeit
links unten: Landgut Sant' Agatha

Stadtumzug in Bologna

Teatro Pergola in Florenz

Roberto Benigni, sitzt am Flügel, spielt, krächzt Arien, springt auf, erklärt, schreit: »A, i flauti!« – Ach, die Flöten! – »Maledetto!«, kräht er,
der Verfluchte, weiß er denn nicht, dass er mit einer Prinzessin
redet? Und das Männlein haut in die Tasten. Und nach und nach merke
ich: Ich bin hier unter Abonnenten, denen der Repetitor soeben
»Nabucco« erklärt, ein paar Tage vor der Premiere. Am Ende stehen
wir alle auf und singen zusammen »Va, pensiero sull'ali dorate«.

Die Oper ist heruntergekommen, die ganze Stadt scheint Geld und
Farbe dringend nötig zu haben. Am Theater – es ist mitten im Univer-
sitätsviertel der immerhin ältesten Universität der Welt – hängt aber ein
Transparent der Studenten: »Che musica suona l'Italia diamo un fu-
turo alle musica!« – Wenn in Italien Musik erklingen soll, dann müssen wir der Musik auch eine Zukunft geben! Im linken Bologna ist
wenigstens noch Protest gegen das unerträgliche Einsparen an der
Kultur überall.

Von Bologna aus fahren wir durch die Toskana. Wie schön dieses
Land ist! Sattes Grün, Berge, Zypressen, Wein, eine zeitlos herrliche,
ewige Landschaft. Wir wollen noch ein Bad sehen: Montecatini, in dem

der alte Verdi Erholung suchte. Das Grand Hotel ist schauerlich umgebaut, renoviert, verhunzt, aber in der Eingangshalle hängt ein großes Porträt des Komponisten, eine Tafel mit goldenen Buchstaben, und hier nun schlafen wir zum ersten Mal unter demselben Dach wie er, in scheußlich möblierten Zimmern. Nein, hier spürt man ihn nicht, aber gegen ein Trinkgeld zeigt uns ein Hoteldiener ein paar alte Räume, die der Renovierung noch nicht zum Opfer fielen. So könnte es gewesen sein, damals. Das Teatro Verdi spielt keine Opern mehr, das wollen die Badegäste nicht. Da singt Pupo. Und im Kurpark hudelt einer die Mondscheinsonate.

> *Man geht hier nicht aus gesellschaftlichem*
> *Renommee in die Oper. Man geht aus Liebe zur Musik.* «

Unsere letzte Station: Florenz. Zubin Mehta, der gesagt hat: »Ohne Verdi kann man nicht aufwachsen!«, dirigiert Verdis grandioses Alterswerk, den Falstaff. Das neue Theater ist hässlich wie ein Super-XX-Kino, einzige Konzession: rote Samtsitze. Königin Margarete von Dänemark sitzt in der Loge und raucht tüchtig in den Pausen, und das Publikum ist fachkundig wie überall in Italien. Man geht hier nicht aus gesellschaftlichem Renommee in die Oper. Man geht aus Liebe zur Musik. Und man liebt Verdi und Mehta, der Applaus ist häufig, stark, begeistert, nach fast jeder Arie. Ergriffenes Schweigen am Schluss, wenn die strenge Fuge erklingt »Tutto nel mondo è burla«, alles ist nur Komödie, mit der der alte Verdi in seiner letzten Oper eine Verbeugung vor Bach macht. Dann brandet der Applaus durch das Haus, auch die Königin steht dafür auf.

Das alte Teatro Pergola existiert aber auch noch, wo schon Monteverdis Opern aufgeführt wurden und wo Giuseppe Verdi 1847 seinen »Macbeth« dirigiert hat. Eine Inschrift unter grünem Efeu sagt dort, dass die Welt am 27. Januar 1901 weint, weil sie den leidenschaftlichen Fürsten der Musik, der Kunst, des Gefühls verloren hat. – Aber nein. Er ist nur tot, wir haben ja seine Musik, wir haben nichts verloren, nur gewonnen.

Juni 2006

Klangkörper einer Violine aus Cremona